普通高等教育精品教材

创新 创造 创业 发明 发展

大学生创新创业教程

Daxuesheng Chuangxin Chuangye Jiaocheng

主　编　郭立新

副主编　薛　阳　徐　嘉　马鹏巍
　　　　高伟芳　黄　达　杨永芬

中山大學出版社
SUN YAT-SEN UNIVERSITY PRESS

·广 州·

图书在版编目（CIP）数据

大学生创新创业教程 / 郭立新主编 .—广州: 中山大学出版社，2017.4

ISBN 978-7-306-06031-0

Ⅰ.①大… Ⅱ.①郭… Ⅲ.①大学生—创业—高等学校—教材 Ⅳ.①G647.38

中国版本图书馆CIP数据核字（2017）第 078828 号

出 版 人：徐 劲
策划编辑：李发富
责任编辑：曾育林
责任校对：马霄行
封面设计：橙 子
责任技编：黄少伟
出版发行：中山大学出版社
电 话：编辑部 020-84111996，84113349，84111997，84110779
发行部 020-84111998，84111981，84111160，010-84787584
地 址：广州市新港西路135号
邮 编：510275 传真：020-84036565
网 址：http://www.zsup.com.cn E-mail：zdebs@mail.sysu.edu.cn
印 刷 者：三河市兴达印务有限公司
规 格：787mm × 1092mm 1/16 13.5印张 250千字
版次印次：2017年4月第1版 2023年10月第1版第2次印刷
定 价：35.00元

前　言

当前，我国正处在经济社会转型的重要时期，亟须一大批创新创业型人才，全社会都在呼唤加强对大学生的创新创业教育，加快培养创新创业型人才。习近平总书记指出，实施创新驱动发展战略，是加快转变经济发展方式、破解经济发展深层次矛盾和问题、增强经济发展内生动力和活力的根本措施。

当代大学生承载着中国的未来，是实现“中国梦”的重要生力军。在飞速行驶的时代列车上，大学生只有具有创新创业意识，才能顺应时代潮流，才能在从“中国制造”到“中国创造”的发展中有所作为、有所贡献。“发达国家大学生创业的比例一般占20%～30%，我国选择创业的大学毕业生不到1%，而创业成功率自然也不到1%。”因而，开设创新创业教育课程，培养大学生的创新创业精神和创新创业意识，是当前高校一项十分重要而紧迫的任务。

为进一步推进高校创新创业教育，我们组织了一线创新创业教师参与了本书的编写。在编写过程中，以转变教育思想、更新教育观念为基础，以提升学生的创新精神、创业意识和创业能力为核心，内容上共分为创新和创业两大部分，为读者提高思维能力提供了必要的帮助。全书汇集了众多知名创新创业训练大师的创新思维训练理念和实践经验，通过对他们的学习，能使读者的创新创业能力得到全面提升，从而指导读者成为一个卓有成效的创新创业实践者。

本书在编写过程中由于我们水平有限，特别是由于写作队伍人员较多，各个作者之间的写作风格不尽相同，尽管主编已经做了大量的协调、统筹工作，但是还存在行文风格方面的差异。另外，本书在写作过程中引用了大量其他研究人员的成果，由于受参考媒体的局限，无法一一追溯来源，特此说明。在此，我们真诚地欢迎同行和所有使用本教材的老师、学生提出宝贵的意见，我们将虚心学习、合理吸收并不断改进，为提高创新创业教学质量做出自己的贡献。

编 者

目 录

CONTENTS

1

第一章 创新概述

创新是推动科技、经济进步，促进社会发展的重要因素。火的发现，使人类脱离了茹毛饮血的野蛮时代；文字的创造，使人类将自己的智慧结晶永久传承；蒸汽机的发明，将人类从繁重的体力劳动中解放出来；计算机的诞生，给人类智慧插上了理想的翅膀。创新，促进了科学技术的高速发展，科技革命最终引发了产业变革，进而推动了社会进步。因此，从某种意义上说，人类社会的发展史就是一部不断创新的历史。同样，创新也是中华民族寻求伟大复兴、赢得未来的关键所在。

你能记住的只有亚历山大·格拉汉姆·贝尔

1847年3月3日，亚历山大·格拉汉姆·贝尔（Alexander Graham Bell）出生在苏格兰的爱丁堡。他17岁进入爱丁堡大学专修语音学，后来，他随家人先后迁居加拿大和美国。1869年，年仅22岁的贝尔应聘担任美国波士顿大学语音学教授。在一次试验中，他意外地发现一个现象：当电流接通和截止时，螺旋线圈会发出噪声。这让贝尔的脑海中出现一个大胆的设想：如果能把说话时的空气振动变成电流的流动，用电流强度的变化来模拟声波的变化，用导线把电波传送出去，再把电波还原为声波，那么用电传送语音不就可以实现了吗？

可是，当贝尔兴致勃勃地把自己的想法告诉电学界的几位人士时却遭到了冷嘲热讽，认为他这是不切实际的妄想。但贝尔并没泄气，也不自卑，他专程赶到华盛顿，求教于当时的大物理学家——约瑟夫·亨利。他得到了老科学家的支持。当贝尔表示自己不懂电学，会有很多困难时，亨利先生很坚决地回答说："掌握它！"

老科学家的支持使贝尔受到很大鼓舞。回到波士顿以后，他把全部业余时间都用来研究电学，经过刻苦努力，他只用了几个月的时间就基本掌握了电学知识。1873年初夏，贝尔辞去波士顿大学教授的职务，正式开始了电话设计和实验工作。他找到了一位电工技师沃特森做助手——每当贝尔有一种新的构思，沃特森就马上进行制作。

那时，贝尔走路、吃饭、乘车甚至连睡觉都想着电话机。有时他从睡梦中醒来，有了新的想法，就立即起床画图，沃特森马上照图施工，并接着进行试验。可是，这些设想都一个接一个地失败了。在他们面前没有现成的路……在随后的两年中，他们究竟试过多少方案，有过多少次失败，已经无法统计。两年后，他们终于制成了两台粗糙的电话机。贝尔和沃特森把这两台电话机分别放置在相距二十几米远的两个房间，用电线将它们连接起来。试验开始，他们分别对着自己的电话机大声吼叫，可是机器毫无反应。他们都快把嗓子喊哑了，依然不能通话。他们沮丧极了，两年来牺牲了所有的休息和娱乐，耗尽了心血，造出来的电话机却是个不争气的“哑巴”！

面对一次一次的失败，贝尔没有退却，他苦苦地思索着：为什么会失败呢？是设计的毛病、制作的差错，还是用电传递声音的原理不能成立？

那天，夜幕降临了，窗外传来阵阵吉他声。这叮叮咚咚的音乐声，使沉思中的贝尔豁然醒悟。吉他的共鸣启发了贝尔，他联想到可能是送话器和受话器的灵敏度太低，所以声音微弱难以辨别。是否可以通过共鸣使声音放大？

贝尔马上设计了一个助音箱的草图，一时找不到材料，他们就把床板拆下来，两人一起动手，连夜制作，等做好时天已经大亮，他们随便吃了几口面包，又接着改修机器。一连两天两夜都没合眼，到第三天傍晚终于完成了。他们不顾天气炎热，接着进行试验。一端，沃特森把受话器贴在耳边，另一端贝尔对着送话器大声呼喊：“听见了吗？沃特森。”沃特森屏气静息地听着，受话器里的声音开始非常微弱，后来变得清晰响亮起来，沃特森惊喜万分：“贝尔，我听见了！我听见了！！”两人欣喜若狂。

电话机终于试验成功了！历史记录下了这难忘的时刻——1875 年 6 月 2 日傍晚。

又经过半年多的努力，贝尔将其改成实用的电话机。1876 年 2 月

14 日，贝尔获得了电话机的发明专利，专利证号码为 NO：1746550

贝尔当年的电话机现在还保存在美国华盛顿历史与技术博物馆里，人们将永远不会忘记贝尔发明电话机的功绩。

【讨论】

各位，当你再次拿起手中的电话机时，是否也为贝尔不怕失败、敢于创新的精神所感动？如果换上你们，将会怎么样？

第一节 创 新

“创新（innovation）”一词起源于拉丁语。它原有三层含义：一是更新；二是创造新东西；三是改变。

一、创新的含义

创新是指人们根据一定的目的，针对所研究的对象，运用新的知识与方法，或引入新事物，产生出某种新颖、有社会或个人价值成果的活动。这里的成果，是指以某种形式存在的创新成果，它既可以是一种新概念、新设想、新理论，又可以是一项新技术、新工艺、新产品，还可以是一种新制度、新市场、新组织。这一定义是根据成果来判别创新性的。判别标准有两个：一是成果是否新颖，是否有社会或个人价值。“新颖”主要是指对现有的东西进行变革，使其更新，成为新的东西，即破旧布新，不墨守成规。二是“有社会价值”，是指对人类、国家和社会的进步具有重要意义，如重大的知识创新、技术创新和产品创新等。“有个人价值”则强调了对于个体发展的意义。

◎阅读案例

中小学生推理

“老师，我发现了一个新的定律……”一个孩子欢呼雀跃地告诉他的老师。

可是，孩子发现的这个“新定律”早在几百年前就已经被科学家证明了。我们不禁要问，他的“发现”算创新吗?

算！

现代创新教育的方法之一就是引导学生重复前人的创新和探索过程，这种“经历”一遍的做法可以有效地促进学生创新能力的提升。

如果中小学生根据以前学过的知识自己推导出或通过实验得出了新的定理、定律，哪怕这个定理、定律早在几百年前就已被科学家证明了，我们说这仍然是了不起的创新！

请记住，只要是相对于我们自己是新的东西，就可以看作创新，否则就是重复。

二、创新的特点

创新具有普遍性、永恒性、超前性、艰巨性、社会性等特点。

（1）普遍性。创新存在于一切领域，没有哪个专业、哪个行业、哪个领域是一成不变的。

（2）永恒性。创新是人的本能，只要有人类，就有创新，这种活动受人类自我实现本能的支配。另外，人类的其他活动有可能终止，但创新永远不会终止。

（3）超前性。由于创新就是相对于他人的首创行为，因此社会认识必然滞后于创新，创新总是超前的。

（4）艰巨性。有两个因素导致了创新的艰巨性；其一是由于创新的超前性而致，因为超前，所以可能得不到他人的理解和支持，甚至受到反对，给创新者造成很大的压力，并制造了艰难的创新环境；其二是由于创新本身，创新是做前人或他人没有做过的事情，实现创新的过程和方法都需要探索，因此带有不确定性和技术上的难度。

（5）社会性。完成一项创新，不但要想还要做，要实施。实施过程中就要与社会发生联系，产生社会性。现代社会随着分工的细化，单打独斗的时代已经一去不复返。

（6）创新无止境、无边界、无权威、无框框。最好的创新永远是下一个！任何学科、领域、部门都是人为划分的结果，既然是人为划分，就可以人为打破，故创新也无边界、无框框。有人会说，隔行如隔山该怎么解释。我要说的是，在专业知识面前，不同的行业、专业是有着很大差别的，但在创新面前，规律是一样的，而且越是跨行业、跨领域的创新，越是能诞生超乎寻常的结果。

规律表明，那些真正的创新大师们往往都是知识渊博的人，他们在多个领域都有建树，只是在某个领域更加突出而已。就像某位哲人所说，科学的殿堂就像一所大房子，不同的学科只不过是这所大房子开的窗户而已。换句话说，不同学科之间的原理也可能是相通的。

因此，不要怕转行，必要的时候转行可能带来意想不到的效果。另外，要博览群书，这样非常有利于创新活动。这就是现代社会复合型人才受到广泛欢迎的原因。

另外，在创新面前人人平等，谁都可以成为创新的强者，没有任何人是权威。很多时候，我们对权威的过分迷信会形成对创新活动的巨大阻碍。

三、创新的性质和过程

（一）创新的性质

创新的性质有两个：无中生有和有中生无。无中生有是指科学发现和技术发明，有中生无则指对现有事物的改进。

无中生有的事例太多了，可以说整个世界的发展史就是一部创新的历史。从钻木取火、电的发现到世界上第一台蒸汽机、电灯电话、电脑电视、激光原子能等，都是无中生有的结果，都是伟大的创新，都改变了整个人类的生活。

现在有人说有四样东西将颠覆性地改变人们的生活：互联网、手机、汽车、电子游戏。

未来的世界将是怎样？真是很难预测，要知道预测未来比创造未来还难！

相对于无中生有来说，有中生无的事例就更多了。

◎阅读案例

苹果超薄笔记本电脑

苹果公司研制的新款超薄笔记本电脑非常薄，它可以被放进一个普通的文件袋中。

苹果公司因其卓有成效的创新而使它的产品再次成为畅销品，尤其是成为年轻人的新宠，有太多的年轻人都在盼望着拥有一台崭新的iPad和小巧的苹果笔记本电脑。

但是，不管现在的电脑怎样改变，与诞生于1945年的那个庞大的第一台电脑相比，都是有中生无的改进型。

（二）创新的过程

创新的过程分为两步：想和做。就是要敢于想前人所未想，做前人所未做。我想这里的重点应该放在“敢”字上。有很多人，想都不敢想，更别说做了。虽然完成一个创新不仅要想还要做，但“想”是前提，首先要“敢想”，也就是要善于进行创造性的思考。“我一直以为那样做是不行的”“我以前从来没有想到过，让别人一说还真是那么回事”，我们经常听到这样的话不是吗？所以要经常做一些“敢想”的练习才对。

成功者大都是思维活跃、善于思考的人。随着知识经济时代的到来，思想、创意、新的知识点的价值越来越大，一个好的创意可能拯救一个企业，开拓出一片新的天地。

当然，仅仅有好的想法是远远不够的，你还要敢于去实施。事实上，并不是每一个创意都能转换成很好的结果，并能被市场所接受，不过不去试验一下，就不会知道新想法到底怎么样。“要是失败了多丢人啊”“大家都会笑我的”……抱有这些想法的人绝不可能成为很好的创新者。

千里之行，始于足下。一定要敢于去尝试！

四、创新相关概念比较

（一）发现

发现是人类对于自我的内在、具体性的自然及其整体的认识或再创造。发现的成果或者是客观存在的物质，或者是物质的性质与规律。因此，发现所获得的成果都是前人没有认识或没有得到的东西，具有新颖性。因此，发现应该是一种创造。

发现的成果是客观存在的物质，或者物质的性质与规律。前一种情况如找到新的矿藏，分析出一种新的化学元素，观测到新的天体等，后一种情况如首次认识到人类基因的双螺旋结构，总结出元素周期性变化规律等。总之，发现揭示出已有的，但不为人们所知的事物或规律。例如，2011 年 9 月我国现代药学家屠呦呦发现了青蒿素——一种用于治疗疟疾的药物，获得拉斯科临床医学奖及诺贝尔医学奖。

（二）发明

发明是应用自然规律解决技术领域中特有问题而提出创新性方案、措施的过程和成果。通常指人类做出的前所未有的新成果。这种成果包括有形的物品和无形的方法等，在被发明出来之前客观上是不存在的。通过技术研究而得到的前所未有的成果多属发明。发明最注重的是独创性和时间性（或称为首创性）。

在漫长的中国历史上，我们的祖先创造了灿烂的科技文化，在16世纪以前长达数千年的历史时期内，中国人一直走在世界科技创新的前列，为推动人类的进步与发展做出了不可磨灭的贡献。

如表1-1所示，从公元前4000年算起，截至明代末年，世界科技史上的100项重大发明的前27项中，有18项是属于中国人的发明。16世纪前的中国，真可谓发明大国。四大发明曾在世界文明史上写下了一页页光辉的篇章；其他众多的发明，也在同期名列世界前茅，富有创新精神的中华民族对人类的科技、经济发展起着巨大的推动作用。

表1-1 古代世界科技史上100项重大发明的前27项

序号	发明年代	国家/地域	发明者	发明名称	评价或影响
1	公元前4000	埃及	不明	陶器	人类最早的人造容器
2	公元前3500	美索不达米亚	不明	青铜器	人类最早的金属制品
3	公元前3000	西亚	不明	玻璃	影响久远的新材料
4	公元前2000	中国	不明	丝绸	开创丝绸产业，提高人们的衣着质量
5	公元前770—公元前746	中国	不明	冶铁术	创造历史上起革命作用的最重要的原料之一

（续上表）

序 号	发明年代	国家 / 地域	发明者	发明名称	评价或影响
6	公元前 600	古希腊	不明	瓦	对房屋建筑产生深远的影响
7	公元前507—公元前 444	中国	不明	磨	对人类的机械制造具有极大的示范作用
8	公元前 400	中国	不明	自来水	开创人类自来水产业
9	公元前 206	中国	不明	十进制	李约瑟曾说："如果没有这个十进位制，几乎不可能出现我们现在这个统一化的世界。"
10	公元前 105	中国	蔡伦	纸	对人类文化的传播产生了广泛、久远的影响
11	公元前 60	古罗马	凯撒	报纸	传播人类文化的最早载体
12	25	中国	不明	瓷器	对世界文明的独特贡献
13	25	中国	不明	水车、风箱	人类利用水力鼓风的早期工具
14	220	中国	不明	算盘	世界上最早的手动计算机
15	220—280	中国	马钧	指南车	一切自动控制机械的祖先之一
16	215—282	中国	皇甫	针灸术	中医学中最具独特风格的发明

（续上表）

序 号	发明年代	国家 / 地域	发明者	发明名称	评价或影响
17	约 500	印度	西萨	象棋	世界上影响最久远的智力玩具
18	808	中国	不明	火药	曾改变了整个世界事物的面貌和状态
19	900	中国	不明	指南针	航海技艺方面的巨大改革
20	1000	中国	不明	曲酿酒术	为人类奉献了美酒佳酿
21	1041—1048	中国	毕昇	活字印刷术	人类印刷术史上的第一次革命
22	1247	中国	秦九韶	秦九韶法	世界数学史上解高次方程的最早发明
23	1453	德国	古腾堡	印刷机	推动了世界铅字印刷的机械化发展
24	1508	阿拉伯	不明	玻璃眼镜	人类第一种增强视力、有利于学习文化的新工具
25	1556	德国	阿古里科拉	螺丝钉	用于机件连接用途广泛的新元件
26	1567—1572	中国	不明	人痘接种法	世界医学史上人工免疫预防传染病的重大发明
27	1536—1610	中国	朱载育	十二平均率	科学美学史上一个革命性的变革

我国是一个历史悠久的文明古国，也是一个发明大国。在过去千百万年的历史长河里，我们的祖先已经用智慧的头脑和勤劳的双手，在根本不知创新方法学的情况下，做出了众多的发明。

（三）创造

关于创造的定义在学术界有着很多的说法，例如，刘仲林教授在《中国创造学概论》中指出："创造是赋予新而和的存在，是对已知要素进行组合和选择的过程，是只可在实践中体会的、不可言传的道。"并将创造的层析依次由外向内逐层递进，表现为：

（1）"成物"，即外在的、静态方面的创造性成果。

（2）"成思"，即内外结合、动态方面的创造过程。

（3）"成己"（创造意境），即内在的、本质的层面。

◎案例阅读

一孔值万金

美国的一家制糖公司，每次向南美洲运方糖时都因方糖受潮而遭受巨大损失。结果有人考虑，既然方糖用蜡密封还会受潮，不如用小针戳一个小孔使之通风，经试验，果然取得了意想不到的效果，他申请了专利。据媒体报道，该专利的转让费高达100万美元。

日本的一位K先生，听说戳小孔也算发明，于是也用针东戳西戳埋头研究，希望也能戳出个发明来。结果，他发现在打火机的火芯盖上钻个小孔，可以使打火机灌一次油由原来的使用10天变成50天。发明终于被他"戳"出来了。

美国著名创造心理学家泰勒（I. Taylor）曾根据创造产品的性质与复杂性而将创造分为以下五个层次：

（1）即兴式的创造（expressive creativity）。这种创造老少咸宜，往往是即兴而发，因境而生，参与者率性而为，尽情而欢，或高谈阔论，或即席挥毫，或高歌一曲，或手舞足蹈，不计（产品的）高低与上下，不计作用与效果，是一种快乐自怡的表露式创造活动。这既是一种创造，也是一种游戏，在活动中，人的知、情、意达到高度和谐，真、善、美达到有机统一，充分显示了创造的自由境界。泰勒认为这是其他各种创造的基础。

（2）技术性的创造（technical creativity）。这种创造是发展各种技术以产生完美的产品。这一层次是以技术性、实用性、客观性、精密性、优美性为特点的。创造者可以模仿、应用已有原理、原则以解决具体的实际问题，并不注重产品的创新程度。从事技术创造时创造者往往牺牲即兴式的表露而使其思路适应客观要求。

（3）发明的创造（inventive creativity）。这种创造不产生新的原理原则，但产品有较强的创新性，有较重要的社会应用。如爱迪生的电灯、贝尔的电话、瓦特的蒸汽机等。这些发明没有原理性的理论实践，但比技术性创造有更高层次的创新，产品能产生广泛的社会影响。

（4）革新的创造（innovative creativity）。革新的人物必须有高度抽象化、概念化的技巧以及敏锐的观察力与领悟力，以洞察隐藏在原理原则以及各种概念背后的真理。除此之外，他们还必须具备各种必要的知识，尤其对于所需要改造的领域先有充分了解，方能发掘问题，产生革新的成果。例如，在马克思主义原理指导下，在实践中总结有中国特色的社会主义建设理论，就是一种革新的创造。画家或书法家常师学临摹名家之笔法，等到技术纯精，达到形似之后，便熟能生巧，开始取长补短，融一已之意而开拓神似之境。

（5）深奥的创造（emergentive creativity）。这一层次的创造最为复杂，创造者必须有处理千头万绪、复杂资料的能力，并能以简防繁，一以贯之，将资料之抽象的概念整理成崭新的原理或有系统的新学说，其深度为少数在该领域的专家方可了解。例如，量子论、相对论都属深奥的创造，没有专门、扎实的物理基础，就无法掌握这些理论。

以上五个层次的创造，除了第一层次即兴式的创造之外，其他各种创造都是解决问题的过程。即使是第一层次，除了孩童式的游戏外，高层次即兴创造也与解决问题的过程有密切联系。同时，第一层又是其他层次的基础，所以其他层次也包含着舒情尽意，知情意高度和谐，真善美有机统一的追求。

通过上述创造的概述，我们提出，创造的本质内涵是：主体（人）为了达到一定的目的，遵循人的创造活动的规律，发挥创造的能力和人格特质，创造出新颖独特、具有社会或个人价值的产品活动。这里的“产品”既包括新概念、新理论、新工艺、新技术，又包括新的产品、作品等。而“新颖、独特”则是创造的本质性内涵，表明了创造的“首创性”和“独创性”。

（四）创新与相关概念的关系

从上述论述中可以看出，创造可以表现为发现、发明，但发现和发明并不能概括全部创造活动。

而创新与创造两者大同小异、互相包容，创造和创新都具有新颖性，都是过程与结果相结合的产物，可以互相替用，创新能力与创造能力、创新思维与创造思维、创新意识和创造意识、创新精神和创造精神、创新个性与创造个性等，都是可以互相替用的。

但是，二者也有实质性的区别，这也必须认识清楚。具体地说，二者的区别如下：

（1）创造更强调首创性、独创性，即排他性，是前所未有的，在这一点上，它类似于发明；而创新则不强调这些特性，它也强调“创”，但不一定是“首创”，可以是对既有事件进行“创”，使之更新、完善等。

（2）创造与创新都强调“新”，但创造所强调的“新”，在水平、层次上更高，要求是“开创性”的“新”；而创新所强调的“新”，在水平、层次上则具有比较性、相对性，即相比较有“新意”、有“新的进展”，等等。

（3）创造强调事物的“质变”，即事物由一种事物变为另一种事物，二者有本质的变化；而创新则强调事物的“转型”，即事物由一种形态转为另一种形态，由一种类型转变为另一种类型，但本质上并不发生改变。举例来说，我们提教育体制创新，就是指教育体制由一种类型转变为另一种类型，其社会主义教育体制的本质不变。例如，由计划型体制转变为市场型体制，这就是一种创新，在这种情形下，就不宜使用“创造”一词。

创新、创造、发现和发明的区别如表 1-2 所示：

表 1-2　创新、创造、发现、发明的区别

类别	创　新	创　造	发　现	发　明
定义	突出强调人的进取精神	创造是指个体或群体根据一定的目标，运用一切已知条件产生出新颖、有价值成果的认知和行为的活动	发现是指揭示或查明客观世界本来就存在的特征现象和规律，属于认识世界性质，获得天然性成果	发明是指利用自然规律和技术手段创造前所未有的事物和方法，来有效地解决某一实际需要，属于改造世界性质，获得非天然性成果的活动

（续上表）

类别	创新	创造	发现	发明
区别	创新包含思维创新、方法创新和应用创新	创造的本质是新、突破和超越、前所未有、与众不同	发现的对象是客观存在的物质、物质性质、运动规律	发明的对象非天然性成果，而是人类脑力、体力的凝聚。物质性、认识性均可
举例	注重市场需求	科学的发现、技术的发明、文学艺术上的创作等都是创造性的活动	牛顿发现万有引力、法拉第发现电磁感应现象、门捷列夫发现元素周期规律	五笔字型输入法、电动自行车、手机、人造卫星、数控机床

第二节 创新能力

创新能力作为一个系统、综合的概念，是指各种基本能力的组合方式，这种组合方式是随不同领域的创新活动而不同的。创新能力通常包含以下几种基本能力：发现问题的能力、流畅的思维能力、变通的能力、独立创新的能力、制订方案的能力和评价的能力等。

一、发现问题的能力

发现问题的能力，是一种发现那些让人难以觉察的、隐藏在习以为常的现象背后问题的能力。表现为意识到存在于周围环境中的矛盾、冲突、需求，意识到某种现象的隐蔽未解之处，意识到寻常现象中的不寻常之处。例如，人们时常看到，两块从悬崖上落下的石头尽管大小悬殊，但却同时落到了深谷的底部。可是，没有人因而对亚里士多德关于物质下落的速度和它的重量成正比的理论提出疑问，只有伽利略能意识并发现了这一问题存在。这一意识促使他进行了比萨斜塔上的试验，实验证明了铁球和铅弹的下落速度同它们的质量无关，从而纠正了影响人们两千多年的错误理论。正是由于伽利略独具慧眼，看出了问题所在，他才能够对亚里士多德“自由落体定理”做出科学的修正与创新。就像时常有人坐在苹果树下，看到苹果从树上落下，但却没有人像牛顿那样发现问题并提出质疑：为什么苹果从树上向下落，而不是飞上天？正是牛顿对这一问题的发现，从而激发思考、引起探索，发现了万有引力。

发现问题的前提是好奇心和怀疑。好奇心会促进人们对外界信息的敏感性，发现问题，并追根溯源，提出一连串问题，怀疑就是对权威的理论、既有的学说和传统的观念等，不是简单地接受与信奉，而是持怀疑和批判的态度。

二、变通的能力

变通的能力，是指思维迅速地、轻易地从一类对象转变到另一类对象的能力。它能够从某种思想转换到另一种思想，或是多角度地思考问题，能用不同分类或不同方式研究问题。具有变通能力的人，一般都能根据客观情况的变化机智地解决问题，在思维中灵活应变，不囿于条条框框，敢于提出新观点，思想活跃。而缺乏变通能力的人，往往机械呆板，墨守成规，没有创新精神，且思想陈旧，观点保守。

创新实践表明，凡是在创新上大有作为的人，大都思路开阔，妙思泉涌。因为创新需要找到不同的应用范畴或许多新的观念。越是能带来重大突破的创新，越是需要借助于其他领域的知识，吸取外来的思想。例如，19 世纪的英国化学家道尔顿（Dalton John）提出了“化学原子论”，恩格斯称誉他为“近代化学之父”。当时，他是一位气象学家，原来他研究的是水吸收气体和大气吸收水等物理问题。他认为，气体发生混合同水吸收气体都是一种没有亲和力作用的过程。正是由于道尔顿头脑里没有当时化学家用来解释混合物和化合物的区别的亲和力理论，而是从大气物理的角度来进行考察，他才从当时使化学家感到迷惑不解的溶液均匀性问题中，揭示出关于元素化合物的倍比定律，进一步提出了“化学原子论”。

三、流畅的思维能力

流畅的思维能力是指就某一问题情境能顺利产生多种不同的反应，给出多种解决办法和方案的能力。常用“思潮如涌”“下笔如行云流水”“口若悬河”“滔滔不绝”等来形容思维流畅的人。思维流畅对创新有重要意义。因为形成大量设想，就有更大机会产生有创新意义的想法。提出的设想不一定每一个都正确，有创见性的设想也不是一下子就能在头脑中形成的。但是，提出的设想越多，出现有创见性想法的机会也就越多。牛顿在他《光学》的最后部分，提出了 30 多个“设想”。这些设想瑕瑜互见，既有熠熠闪光的真知灼见，也夹杂着一些今天看来显而易见的谬误。不过，正是因为牛顿提出了许多“设想”，才迸发出了光辉思想的火花。

思维流畅是以丰富的知识和较强的记忆力为基础的，能够根据当前情况所得到的印象和所观察到的事物激活知识，调出大脑中储存的信息，并进行创新思维，从而提出大量新观点。

四、制订方案的能力

创新的设想能否实现取决于方案的制订和实施。所谓制订方案的能力是指把一个创新的想法变成一个具体的实施方案。方案是为了解决特定问题、达到预期目标采用的方法和手段。制订方案时，首先，要明确创新目标是什么，方案是围绕着实现创新目标而制订的。其次，分析实现这个创新设想存在哪些问题和困难，了解其有利因素和不利因素。再次，针对需要解决的问题，选择采用的方法和途径，并确定需要解决的重点和方向。主要是运用创新方法，包括类比、想像、直觉、灵感等多种形式。最后，制订方案的实施步骤。

五、独立创新的能力

独立创新的能力是一种寻求不同寻常的思想和新奇的、独特的解决问题的能力。能想出别人想不出来的观念，看出别人看不到的问题。它是一种求新求异的能力。具有独创能力的人往往与他人不同，独具卓识，能提出新的创见，做出新的发现，实现新的突破，具有开拓性。而缺乏独创能力的人，只会一味地模仿和一味地盲从，只知道遵从传统习惯，他们每天都进行一些重复性的活动，说一些千篇一律的话。如果只是依靠吸收、模仿、学习等重复的方法，而不进行变革、突破，就不可能创新。独创能力是创新能力最本质、最重要的核心要素，它反映了一个人创新能力的水平高低。同时，独创能力是人们在创新活动的各个阶段或各个领域都需要具备的最基本的能力要素，无论在技术产品开发上，还是在生产、管理和市场开拓上，甚至在日常学习和生活中，都需要运用独创能力。例如，失眠是一种疾病，人们都认为只有吃药才能治愈。可是瑞士一家公司与众不同，他们想到了可以不用吃药的一种更简单、更实用的方法。这家公司开发出一种能促使失眠者很快睡着的录音磁带，上面录的都是“废话”。人们都讨厌听废话，但多数人从未想到过利用它来为人服务，这就是一个具有独创性的创新产品。

六、评价的能力

评价的能力是指通过评审从许多方案中选择出一种方案的能力。在创新活动中，需要冲破任何约束，解放思想，从而提出大量的设想、构思和方案。在多种方案中，除了个别的可能是“闪光”的设想之外，还不可避免地伴随着大量的、在技术经济上暂不可行的设想。因而需要通过评价，选出在技术经济上可行的并且有希望获得成功的方案，如果不进行评价，往往会造成人力、物力和财力的浪费。评价还可以促进创新过程中方案的优化。没有正确的评价，没有正确的筛选，就无法保证得到最优或较优的创新方案。

例如，方案的成本、设想实现的可靠程度等，常常是不确定的。在未被选取的方案中也有可能发展、深化为成功的方案。在创新过程中常有这样的事发生，如某公司提出的创新方案，未被公司采用，或本公司评价后认为不可行，后来却被其他公司采用了，并且获得了很大的成功。因此，对方案的评价和筛选是一件值得慎重考虑的事情。

创新能力是由上述基本能力组成的一个有机整体，只有在这几个基本能力协调一致时，创新能力才能得到充分发挥。具有创新能力的人，不仅要具备这些能力，而且还要懂得思考什么时候、以何种方式来有效地使用这些能力。创新就是这些能力都达到均衡和运用的过程。

第三节　创新精神

所谓精神，是指人的意识、思维活动和自觉的心理状态，包括情绪、意志、性格等。创新精神特指人的创新意识和创新性格，其中，创新意识又包括创新愿望和创新动机。

在构成创造力的因素中，创造性是一个充分条件，而排在这个充分条件第一位的则是创新精神。创新精神是创造发明的内动力，是主导，是前提。它是指挥一个人行动的能源。所以，有意搞创新的人，首先要培养自己的创新精神。

有人对 800 名男性进行了几十年的追踪调查发现，成就最大的人并不是智力最好的人，而是创新精神最强的人。由此也可以看出，创新精神是创造者与普通人的最大区别。

一个真正的创新者一定具备以下特征：

（1）虚心好学，坚持不懈。

（2）发现问题、分析问题和解决问题。

（3）敢想敢干敢于实践。

（4）百折不挠。

（5）以造福人类为终极目标而不是为了追求财富。

一、创新意识

创新意识是指人们根据社会和个体生活发展的需要，引起创造新事物的观念和动机，并在创造活动中表现出的意向、愿望和设想。它是人类意识活动中的一种积极的、富有成果性的表现形式，是人们进行创造活动的出发点和内在动力，是创新思维和创造力的前提。

创新意识中最重要的是要有创新的愿望，其次是要有正确的创新动机。

一个人的愿望形成是需要外部环境的。比如，小孩子从小就受到家长的鼓励和引导，从而热爱创新；一名工作人员受到单位的倡导和激励制度的影响，从而热爱创新；等等。

在创造力的概念中，还有一点很重要，那就是创造力这种能力带有方向性。换句话说，它是矢量。这就意味着在一个群体中，很有可能出现这样的情况。每一个个体的创造力都很高，但由于方向的混乱，因此最终表现的群体创造力可能为零。

造成这种现象的原因在于——环境！一个人的创造力能否源源不断地释放出来，与环境有很大关系。环境是否鼓励创新，有没有相应的激励制度等，都影响创造力的发挥——通过影响创新精神、创新动机等而影响创新能力。所以，这就是为什么很多企业都通过制订好的创新激励制度来持久地鼓励员工的创新行为的原因。

二、创新性格

创新性格中最重要的是两大性格特征：一个是自信；一个是不怕失败，百折不挠。心理学调查研究发现：世界上 95% 的人都有自卑感，由于自卑感造成的人才埋没远远高于因社会环境造成的埋没。这种自我埋没极大地压制了人们创造才能的发挥。试着想想看，你曾经埋没过自己吗？是否有过自卑的表现：我天生就不是那块料；我从小就笨，不如别人聪明；我肚子里的“墨水”太少，搞不了创新；我是女生，怎么也干不过男生；我的情况特殊，没有别人的条件好；等等。自卑成为我们最大的敌人！因此，一个创新者首先要自信，要相信自己能行！在这里，和各位朋友分享一个提高自信心的体会：“觉得别人伟大，是因为自己跪着，站起来吧！”

创新面前没有权威也没有强者，只要我们敢于去创新，我们自己就是创新的强者。而且，科学告诉我们，每个人的创新潜力是一样的，只是释放的程度不同而已。另外，创新本身就是做前人没有做过的事情，因此，极有可能遇到失败。而成功者和失败者的区别在于：他们遇到的失败是相同的，但他们对待失败的态度却是截然不同的。失败者让失败变成了真正的“坏事”，而成功者却让失败变成了前进的新动力。所以，只要我们不放弃，是没有什么真正的失败的，除非我们放弃。

2

第二章　创新思维

随着社会的不断发展，每一天都在不断地创新，不断地进步。我们每个人知道这个社会需要一些新的东西来推动其发展，同时想取得成功也就一定要有足够的创新思维。如果一味地模仿前人的脚步，只能落后于人，很难取得突破。所以我们要在生活中、学习中培养良好的创新思维，只有这样我们才能引领时代的发展，取得成功。

微信扫 回复JB1

第一节 思 维

思维和感觉、知觉一样，是人脑对客观现实的反映。但是，它们之间又有所不同。感觉和知觉是人脑对客观现实的直接反映，这种反映是我们的感觉器官直接与外界事物相联系着的，是对事物个别属性、事物的整体和外部联系的反映。它是认识的感性阶段或叫认识的低级阶段。而思维则是对客观事物的间接的、概括的反映，它所反映的是客观事物共同的、本质的特征和内在联系。

所谓间接的反映，就是通过其他事物的媒介来认识客观事物，即借助于已有的知识经验，间接地去理解和把握那些没有直接感知过的或根本不能感知到的事物。所谓概括的反映，就是依据对事物规律性的认识，把同一类事物的共同特征、本质特征抽引出来加以概括。概括有感性的概括，也有理性的概括。概括有不同的水平，概括的水平越高，越能深入地反映事物的本质特征和内在联系。例如，我们拿一杯热水，能感觉杯子很烫，这是我们的触觉给大脑传递的信息，是直接的；但是根据已有的知识，我们知道之所以杯子很烫手是因为“杯子温度高于身体表面温度，摸到杯子会刺激手指神经，大脑会自动做出反应”，这种过程是间接的，也就是所谓的思维。所以，思维是认识的高级阶段或叫认识的理性阶段。

人的思维是在感性认识的基础上进行的，即在感知的基础上产生和发展起来的。因此，一方面思维与感知觉（感性认识）有着本质的不同，另一方面思维与感知觉又处于不可分割的联系之中。

一、思维的特点

上述思维的定义表明，思维具有与感知不同的特点：它对客观事物反映的方式是间接的、概括的；反映的过程往往借助于语言，并以旧有知识为媒介；反映的结果可能揭露事物的本质和规律；反映的水平属于高层次的理性认识，是认识过程的高级阶段。

（一）思维的间接性

思维的间接性，指的是思维能对不在当前的、不能直接作用于人脑的事物做出反应。这就需要借助于中介物。例如，我们可以借助 pH 试纸，鉴别溶液是酸性还是碱性；我们可以借助 4000 万年前珠穆朗玛峰地区地层中的海洋生物化石，推断出现在的“世界屋脊”在那时还是一片汪洋大海。溶液的酸碱性质、珠穆朗玛峰在 4000 万年前的地貌，我们不能直接认识，它们不能直接呈现在我们的面前，但我们可以借助 pH 试纸和当时的海洋生物化石，做出正确的判断。这就是思维的间接性。

（二）思维的概括性

人为什么能对不在当前的事物做出间接的认识呢？这是因为思维具有另一个特点，即思维的概括性。思维的概括性，指的是思维反映的东西，不是个别事物或事物的个别属性，而是一类事物的共同属性或本质属性，是事物间的规律。这种事物的共同属性或规律是通过概括来实现的。概括可以分为两个层次，即经验的概括和理论的概括。经验的概括所构成的概念叫作经验性的日常概念。

◎拓展阅读

中国人民银行有多少钱

周恩来总理高尚的品德和卓越的才能，不仅让中国人民敬仰，也赢得了世界各国人民的尊敬，尤其是他的创新性思维方式更是令世人称道。

大家知道，周恩来总理是新中国外交事业的开创者和奠基人，他会遇到各种外交场合：友好的、不友好的，甚至很多是挑衅的或令人尴尬的，周总理用他那睿智的、超出常人的创新性思维赢得了对手的尊重，创造了许多外交史上的佳话。下面让我们来看一个周总理外交方面的例子。

新中国成立初期，中国的经济还很落后。在一次招待会上，一名外国记者问周总理："中国人民银行有多少钱？"

面对这一涉及国家机密而且不友好的提问，周总理笑笑，很快回答道："中国人民银行有18元8角8分钱。"听了总理的回答，在场的人全都愣住了。总理解释说："中国人民银行的货币面额为10元、5元、2元、1元，5角、2角、1角，5分、2分、1分，共10种，合计为18元8角8分。中国人民银行有全国人民作后盾，信用卓著，实力雄厚，人民币是世界上最有信誉的一种货币。"

话音刚落，全场立即响起热烈的掌声。总理有意回避问题的实质，以"总面额"替代"总金额"，既堵了外国记者的口，又不损害招待会和谐的气氛。而且语言犀利、风趣，充分表现出他过人的应变能力和高超的语言艺术。此事堪称外交佳话。

二、思维的一般过程

思维是以感觉、知觉、表象为基础的认识的高级阶段。这种认识的高级阶段的实现，是以感觉、知觉、表象提供的材料为基础，并通过分析、综合、比较、抽象、概括等过程要素予以完成的。

（1）分析与综合是思维的基本过程。分析是在思想上把事物的整体分解为各个部分、个别特征和个别方面，而综合是在思想上把事物的各个部分或不同特征、不同方面综合起来。分析与综合是同一思维过程中不可分割的两个方面。分析为了综合，综合中又有分析，任何一个比较复杂的思维过程，既需要分析又需要综合。

（2）比较是在思想中确定被比较事物之间的共同点和区别点。为了确定几个对象的异同，总是要先分出所比较事物的各个特征，然后才谈得上比较，所以分析是比较的必要组成部分。同时，在比较时，必须把它们相应的特征联系起来加以考察，确定它们在哪些方面是相同的，在哪些方面是不相同的，这就是进行综合。因此，综合也是比较的必要组成部分。可见，比较离不开分析和综合。当然，被比较的事物应该是在性质上有联系的，在性质上毫无联系的事物是不能进行比较的。

（3）抽象是在思想上抽引出各种对象和现象之间的本质特征、舍弃非本质特征的思维过程。概括是在思想上把同类事物的本质特征加以综合并推广到同类其他事物的思维过程。抽象和概括是相互联系的。抽象和概括，又都离不开分析和综合这个思维的基本过程。抽象是概括的基础，没有抽象就不可能进行概括。概括则是把分析、比较、抽象的结果加以综合，形成概念。概括的作用在于使人的认识由感性上升到理性，由特殊上升到一般。

分析、综合、比较、抽象、概括等一系列活动相辅相成、一脉相承、相互影响、承上启下，共同构成了人类思维的一般要素。在社会实践活动中，必然会遇到各种各样的矛盾和问题，这就促使人们去研究、去解决，而人类思维活动过程也更多地体现在对各类问题解决的过程中。解决问题的思维的一般过程，可分为发现问题、分析问题、提出假设、检验假设四个步骤，这也是辩证思维的一般过程（图 2-1）。

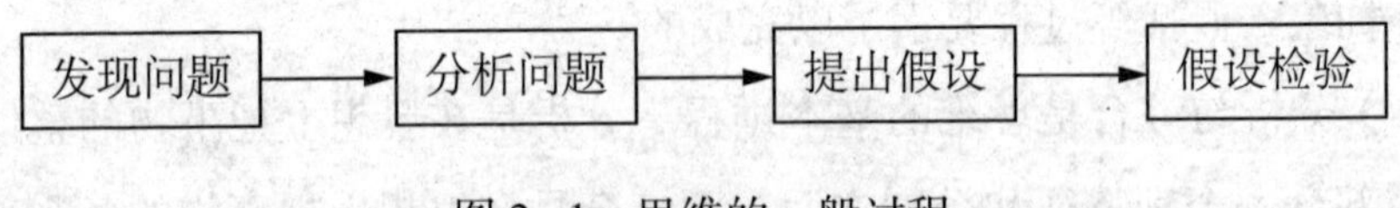

图 2-1 思维的一般过程

（1）发现问题。思维都是从问题开始的，在人类社会生活的各个领域，如生产劳动、科学实验、技术革新、文艺创作、教育实践、军事活动、管理工作等领域中，都存在着各种各样的问题。不断地解决这些问题是人类社会生活发展的需要，凡此种种社会需要转化为个人的思维任务，这就是发现问题。发现问题是解决问题的起点，发现问题的过程也就是发现矛盾的过程。没有发现问题就不可能解决问题，所以发现问题比解决问题更重要。

（2）分析问题。发现问题是从知道有问题到知道哪里有问题和有什么问题的过程，而分析问题是在详细占有资料的基础上，通过全面深入地分析研究，找出问题的核心即关键性问题的过程。抓住了问题的关键，就可以使思维活动更具有指向性，便于更好地运用已有的知识、经验来解决面临的问题。分析问题时能否找出关键性问题是非常重要的，这需要有充足的资料、丰富的经验和较强的概括能力。

（3）提出假设。发现问题、分析问题是为了解决问题，而解决问题的关键是找出解决问题的方案——解决问题的原则、方法和途径。但这些，常常不是简单地能够立刻找到和确定下来的，而总是先以假设的形式出现，即预先在自己的头脑中做出假定性的解释——假设。在解决问题的过程中，假设起着重要的作用，许多问题的解决都离不开假设的作用。离开了假设的作用，人的解决问题的活动就会成为一种盲目被动的活动。正如恩格斯所指出的："只要自然科学在思维着，它的发展形式就是假设。"所谓假设，就是解决问题的人所假定的问题的结论，或者是解决问题的途径和方法。如工人在排除机器故障时，必须针对机器发生故障的各种可能的原因，提出种种假设，直至把问题解决。提出假设并不是很容易的事：首先，这与过去已有的知识经验有关；其次，提出假设还与前段工作，即对问题是否明确与正确理解有关；最后，通常需要经过多次"尝试错误"，才能确立假设。

（4）验证假设。验证假设的方法有两种：一种是直接通过有关的实践活动或实验，来判断某一假设的真伪；另一种是通过智力的活动来检查，即依据间接的实践结果来推论假设的真伪。前者是直接验证的方法，通过实践活动和实验，人们就可用物质手段的形式将假设的东西转化成物质的成果或产品，从而以这物质的成果或产品来验证假设。假设的东西如果与物质的成果或产品相符合、相一致，则证明假设是正确的、可行的；反之，则证明假设是不正确或不够正确的，需要重做假设或修正假设。但是，也有一些假设是无法直接付诸实践加以验证的，这就需要通过人们的逻辑推理，凭借人们已有的知识、经验，对一种假设做出合乎规律的检验。例如，下棋的人到了局势危急的关键时刻，一着不慎，全盘皆输，可是按照下棋规矩，落子无悔。在这种情况下，下棋的人是不能直接通过实践来验证自己所提出的设想的。另外，军事指挥人员制订作战计划时提出的各种设想、科研人员在制订科研计划时，都会面临这种情况。假设的验证要持客观的、实事求是的态度，避免主观主义，在寻找新的解决问题的方案时，要对以前方案失败情况做充分的了解，分析原假设失败的原因，这对找出新的解决问题的方案是有益的。

我们应该看到，提出问题、分析问题、提出假设、验证假设这四个阶段并不是截然分割的，有时是交错地进行着的。上述所阐述的即是解决一般问题的思维过程。

第二节 创新思维

创新思维，是指发现或发明一种新方式用以处理某件事情或表达某种事物的思维过程。它是一个相对概念，是相对于常规思维而言的。它意味着开动脑筋、用智慧解决问题。

以前人们一提起创新，总认为它指创造发明之类的较大的新思想与结果的产生。在20世纪前半叶，创新思维还被认为是天才专有的神秘天赋，到20世纪60年代后，人们才逐渐形成一种较实际的观点，认识到创新思维是每个平常人都能拥有的思维形式。一个人只要他会选择不同的行走路线，他就已经会创新了。

美国著名哲学家和教育学家杜威说:“一个3岁的儿童发现他能用积木做什么事情，或者一个6岁的儿童发现他能够把5分钱和5分钱加起来得到什么结果，即使世界上人人都知道这种事情，他也是一个发明家。”所以说，不仅文学家、社会学家、科学家能够产生创新思维，平常人也一样有这方面的能力。

经验表明，善于运用创新思维，往往意味着实践上的成功，因而长期以来，一直有人试图总结创新思维的规律，探索其中的奥秘，发现科学的训练方法。

尽管到目前为止，创新思维还并未完全形成一门概念明晰、体系完整的新学科，但与此相关的理论研究和社会实践一直在不停地进行着，有些方面的研究已经取得了十分丰硕的成果。

其实，一个人的能力高低主要是思维能力在起作用，同样，构成创新能力的核心也是创新性思维能力。大家是否还能回忆起创新的过程分为哪两步？是的，分为想和做。这里的想实际上就是特指创新思维过程，而做则是指怎样把思维转化为行动和结果。大家都知道，要有好的结果，首先是想法要正确，正确的思想才能产生正确的结果，因此，创新能力的核心也是创新思维能力。

可见，创新思维是在常规思维的基础上发展起来的，但它是思维活动中最积极、最有价值的形式，是思维的高级形式，是人类探索事物本质，获得新知识、新能力的有效手段。德国物理学家普朗克说："思考可以构成一座桥，让我们通向新知识。"他这里的思考，特指的就是创新思维。

一、创新思维的本质特征

（一）具有强烈的自我超越性

创新思维是对旧事物的一种扬弃，在旧事物的基础上有所改变和发展，因此它的一个很突出的特点就是敢于自我否定，并勤于自我否定，而且具有极为强烈的自我超越性。

自我超越也是使创新思维有无穷的生命力的所在，它以自我超越战胜他者，进而取代他者，将现代科技革命与社会进步不断地向前推进，使人类社会生活发生翻天覆地的变化。

（二）具有自身软性

创新思维是一种存在于人的大脑理性中的观念性的活动，与硬性的实物不同，它从来都是一种软性的存在。然而创新思维的外在表现形式，在历史上却往往都是表现为一种硬性的存在。比如在人类发展历史上几次划时代的工业革命带来的创新成果——蒸汽机、电机、流水生产线、计算机，展现给我们的都是硬性的实物的存在，但这些实物的存在是以软性的创新为前提的。

如今，创新思维在其外在上也越来越表现出软性特征，集中体现在知识、信息和各种软件上。正是这种外在表现的逐渐软性化，使得人类的软性财富和无形资产得到了巨大的发展，知识和信息产业创造了巨大的产值。

目前，全世界国民生产总值的近 70% 是知识或信息产业发展促成的，发达国家如美国，总资产已有 60% 是无形资产，人类社会财富的特性也被改变。

（三）覆盖时空越来越少，作用周期越来越短

人类在信息传递方式上的创新周期越来越短。据资料记载，距今 4000 年前在埃及，人类第一次用使者来传递信息。在距今 2000 多年以前的中国汉朝，开始出现驿站这种高效的新的信息传递方式。距今 200 年以前，人类出现了邮政和邮票这种革新性的信息传递方式。19 世纪，人类发明了电话。20 世纪 40 年代，出现了电子邮件。而到了 20 世纪 90 年代世界各地纷纷兴起了类似 QQ 这种即时的通信方式，以及短信、微信等便捷高效的通信方式。

由此，我们可以很清晰地看出，在信息传输的方式上，革新的周期越来越短，这也正是当下创新思维作用周期越来越短的一个方面的体现。特别是在现代科技的核心领域——计算机和互联网的天地里，创新思维更新多则一年半载，少则一两个月。

在人类历史的舞台上，一个创新思维能覆盖几十年、几百年时空的历史已经一去不复返了，今日还是绚丽多姿的智慧之花的创新思维，明朝即成明日黄花，它不得不让位给比之更新的创新思维，装点人类五彩缤纷的世界。

（四）思维创新产业化

几个世纪以来，创新思维只伴着勤于思索者孤单的形影前进，创新的思维往往要在科学家的圣殿里徘徊很长时间才能走向社会。

今天，思维创新生产知识、生产信息，知识和信息的生产不仅成了大规模的产业，而且形成了打破国界的互相竞争的产业群落。这些产业将千百万个富于思维的头脑集中在一个屋顶下创新知识或信息，使思维创新在人类发展史上第一次规模化、产业化。

（五）具有强烈的竞争意识

知识经济时代的创新思维具有极为强烈的竞争意识。这是一个快速变化的社会，处于变革中的大时代，带给我们的是不断变化的环境，因此要想取得更好的成就，必须带有强烈的竞争意识。

思维一旦失去了创新的灵魂，就算曾经拥有巨额资本的百年老店，也将可能沉没商海。企图以失去创新能力的思维去指导企业，是众多成功的企业家走向创新思维失败的致命原因。所以说，创新思维只能在竞争中生，在竞争中长，在竞争中永恒。在创新的领域里，一劳永逸的创新是不存在的。

（六）对生产力发展的作用前所未有的巨大

创新思维价值的大小，视其社会生产力的功能而定。

纵观世界500强企业，可以发现它们的基本特征是“在竞争中成长壮大”，并且都有一套立足长远、稳健的经营战略。除此之外，最为重要的是这些企业都十分注重从技术、业务、服务、管理等方面进行全面创新。

随着经济全球化发展，市场竞争更加激烈，以“世界500强”企业为代表的世界顶尖企业，不论在企业管理、技术创新还是服务创新方面，都有可借鉴之处。

二、创新思维的主要方法

我们已经知道，创新思维是渐变思维—突变思维—渐变思维的过程。这里最关键和最令人迷惑不解的是，怎样实现突变思维。下面我们将介绍创新思维常用突变方法，主要有想像、联想、灵感、直觉等。

（一）想像

想像是人在头脑中塑造过去未曾感触过的事物的形象，或者将来才有可能实现的事物形象的思维方式。想像最主要的特点是形象概括性。它是借助于具有一定程度概括性意向的联结与组合，并以意向形式加以表达的一种形式。想像是一种具有极大自由度的思维活动形式，同时又是可以自觉引导进行的一种积极主动的心理现象。有的发明者把自己置身于发明对象的情景之中，如把自己设想为所要设计的工具和产品的一部分，尽情地想像在各种假定的条件下，自己将如何感受和如何反应。又如有的发明者把他自己想像为某发明的使用者，从而想像出各种可能的希望和要求。想像力是创新思维的重要品质，它能使我们超越已有的知识经验，使思维插上翅膀，超越逻辑思维的束缚，使思维达到新的境界。

1. 想像的创造功能

想像的创造功能，主要表现在帮助人们发现未知的事物和自然规律，产生科学的假说和设想，塑造感人的艺术形象，因而想像对人类创造活动有着重大意义。想像是一所伟大的工厂，在这所工厂里可以塑造出人类所能创造的所有计划。在想像力的帮助下，人们最抽象的思想构成的概念被赋予了生动的形式和形态，一个具备冲击力的主题正是在想像力的刺激下从概念中催生的。

20世纪最伟大的科学大师爱因斯坦曾说过：“想像力比知识更重要，因为知识是有限的，而想像力概括着世界上的一切，推动着进步，并且是知识进化的源泉。”生物学家巴甫洛夫也说：“为了彻底了解分子的活动而进行分析和综合时，一定要想像到眼睛所看不到的结构。”物理学家廷德尔则说：“有了精确的实验和观测作为研究的依据，想像力便成为自然科学理论的设计师。”可以说，没有科学的想像就没有科学理论、科学发现和技术发明。

2. 想像能力的培养

为了提高想像能力，我们可以借助于形象思维，把研究对象形象化，如把电流想像成水流，把声音的传播想像成一石击水形成的波，把植物想像成有头脑有思维能力的人等。

我们可以通过大量阅读科幻小说，看科幻影片，看没有声音的电视片想像其对白和情节，欣赏高雅音乐、舞蹈作品，想像其描写的内容等来实现。更可以通过经常有意识地提出“假如”式的问题展开丰富的想像。假如记忆可以移植，人类的教育会发生怎样的变化？假如人脑可以与计算机联网，世界将会怎样？假如太阳有一天燃烧完，人类将怎样生存？假如洗衣机不用水，应当如何实现？假如摩天大楼高达1000米，怎样设计电梯？假如现在发生大地震，你是幸存者，怎样组织救灾？值得注意的是，想像是否正确，要以实践来检验。想像在发明创造中具有重要作用，但是如果脱离实践检验，则可能带来害处。美国科学家贝弗里奇说：“在探索新知识的过程中，想像力虽然是灵感的源泉，但如不受到检验，也可能酿成危险，丰富的想像力需用批评和判断来加以平衡。”

（二）联想

联想，就是根据当前感知到的事物、概念或现象，想到与之相关的事物、概念或现象的思维活动。更具体地说，联想就是根据输入的信息，在大脑的记忆库中搜寻与之相关的信息，或者利用大脑记忆库中的一些信息形成与之相关的新信息的过程。搜寻的结果主要是再现，但形成新信息已是创造。例如，从红铅笔到蓝铅笔，从写到画，从画圆到印圆点，从圆柱到筷子，联想可以很快地从记忆里追索出需要的信息，构成一个链条，通过事物的接近、对比、同化等条件，把许多事物联系起来思考，开阔了思路，加深了对事物之间联系的认识，并由此形成创造构想和方案。在创新过程中，运用概念的语义、属性的衍生、意义的相似性来激发创造性思维，是唤醒沉睡在头脑深处记忆的最简便和最适宜的钥匙。

1. 联想的创造功能

从联想的含义可知，联想的过程就是根据输入的信息，在头脑的记忆库中搜寻与之相关信息的过程。虽然搜寻的结果主要是再现，但形成的新信息却可能是具有现实意义的创造构思。许多创造成果产生于联想。

◎**阅读案例**

苹果与五角星

这是发生在美国人迪·恩·帕金斯身上的故事。有一天，他的儿子从幼儿园回来，兴奋地向他汇报学到的新东西。儿子郑重其事地拿来一把水果刀和一个苹果，说："您知道苹果里面藏着什么？"做父亲的不以为然地说："除了果核还有什么？"这时，儿子便把苹果切成两半。众所周知，通常的切法是从苹果茎部的凸出切到底部的凹处，而他的儿子却横着把苹果一分为二。他刚要批评儿子，儿子却举着切开的苹果说："看哪，里面有颗星星。"果然，苹果的横切面中显示出一个清晰的五角星图案。这个美国人沉默了。他一生中吃过很多的苹果，然而，就在举手之间却和再简单不过的发现失之交臂。

联想虽然是每个正常人都具有的本能，但并不见得每个人都能通过联想获得创造成果，这是因为不同的人在知识面、认知水平、记忆能力、阅历经验等方面各不相同，这便导致联想的深度、广度、速度及联想能力不同。在一些人看来，某两件事物毫不相干，但在另一些人看来，它们之间却有着联系或相似之处。

联想的创造功能是以它的引导作用为基础的。俄国心理学家哥洛万和斯塔林茨研究表明，联想的引导作用可以使任何两个概念词语经过 4 ～ 5 步即可建立关系链。例如，将"鸡"与"月球"两个概念联系起来可以通过鸡—鸟—飞机—宇宙飞船—月球，即建立了关系链。

经常有意识地用联想去寻找两个概念间的联系，是提高联想能力十分有效的方法。许多学校在测试学生的联想能力时，采用给定联想的起点词，在规定的时间（如 3 分钟）内，通过规定的步数，得到有意义的联想终点词的方法。

2. 联想的分类

（1）相似联想。相似联想是由一个事物和现象的刺激，想到与它相似的其他事物和现象的联想。这种相似，主要反映事物之间在空间、时间、功能、形态等方面的联系。

（2）相关联想。相关联想是指由一个事物和现象的刺激，想到与它有关的事物和现象的联想。

（3）因果联想。因果联想是指由一个事物的因果关系联想到另一个事物的因果关系的联想。

（4）对称联想。对称联想是指由一个事物、现象的刺激而想到与它所在的时间、空间以及各种属性上对称的事物与现象的联想。

（5）强制联想。强制联想是指由一个事物、现象的刺激而想到与它毫不相干的事物或现象的联想。

强制联想常常可以产生意想不到的新思路。这里，我们介绍两种训练强制联想的方法：

1）随机单词法。随机单词法就是随机抽取一个单词，以这个单词为中心，将思维从你所面临的问题那里引开。选定一个单词后，将所有有关这个单词的联想和思路一一记录下来，单词与你的联想和思路之间并非一定要有某种实际的关系。

在随机单词的基础上产生了一大堆的联想和思路后，想办法将这些联想和思路与自己面临的问题联系起来。容许任何一个或者是每一个联想和思路作为自己思考的结果来帮助自己解决问题。

例如，我们研究的对象是“蚕”，在利用随机单词法时随机抽取的单词是“豆腐渣”，我们可以将“蚕”与“豆腐渣”两个概念强制联系起来，得出能否培育出吃“豆腐渣”的“蚕”的设想。

浙江省农业科学院研究人员已经培育成功吃豆腐渣的蚕的新品种。现在还有人在考虑能否培育出吃甘蔗渣的蚕，使糖厂的废物变成宝。

至于随机单词的取法，可以使用单词本，也可以使用辞典或计算机。据心理学家试验，名词比其他类型的词有更好的效果。

2）随机图片法。随机图片法是指随机抽取一张图片，然后就此图片进行一些联想，这些联想将用于找出问题的解决办法。

随机图片法和随机单词法的工作方式完全一样。选择一张图片比选择一个单词困难，但结果会证明这种额外的困难是值得的。图片和单词相比较，可以让人的思维空间更为广泛，模糊的或者具有启发性的图片的效果尤其明显。

随机图片选择可以用画报、杂志、产品目录、相册等，把其中的图片制成卡片并编上号码，抽取时可以随便选定一个号码，然后找出对应的那张图片。

3. 联想的训练

联想的训练可以采用分类训练和综合训练两种方式。分类训练有助于较快地提高联想思维的能力，但在创造过程中不可能预先规定好使用哪种类型的联想去帮助创造，只能是让联想去自由发挥。因此，进行一定的分类训练后，还要加强多种联想的综合训练，采用综合联想链的方式进行。

分类训练的主要形式是给定联想的起点词，在规定时间内按规定的类型进行联想，速度越快、数量越多越好。如，以“电灯”为联想的起点词，分别按规定的类别进行联想。

综合训练可以分三步来进行：

第一步，从给定信息出发，尽可能多地用到各种类型，形成多种多样的综合联想链。如：

相似　　相关　　　因果　　　　　对称

鸡—（鸭）—（鸭蛋）—（快速腌蛋罐）—（真空保鲜罐）

联想　　联想　　　联想　　　　　联想

第二步，给定两个没有关联的信息，寻找各种各样的联想链将它们连接起来。例如，试建立一个从“粉笔”到“原子弹”的联想链。我们可以这样建立：

粉笔—教室—科学知识—科学家—爱因斯坦—原子弹

在这一阶段，可以标明类型，要追求联想的速度和数量（主要是联想链的数量）。

第三步，寻找任意两个事物的联系，可以省去联想链，但要建立两个事物间有价值的联系，并由此形成创造性设想。这一阶段联想的难度较大，却是最有价值的联想，应当多进行训练。

（三）灵感

所谓灵感是指凭借直觉而进行的快速的、顿悟性的思维。它不是一种简单逻辑或非逻辑的单向思维运动，而是逻辑性与非逻辑性相统一的理性思维整体过程。它往往是指人们针对某个长期思考的问题，受到某些事物的启发，忽然得到答案的心理过程。

1. 灵感产生的方式

（1）思想点化。这种顿悟的诱因来自外界，主要是通过语言表达的一些明示或隐喻获得，从而豁然开朗。一般来说要有这样几个条件：一是有求，二是存心，三是善点，四是巧破。思想点化往往是指思考者根据自身生理、心理、爱好、习惯等方面的特点，结合某种条件，产生一种顿悟。它一般在阅读或交流中发生。

（2）原型启发。原型启发是一个心理学的概念，意指根据事物的本质特征而产生新的设想和创意。原型启发是一种创新思维方法。生活中所接触的每个事物的属性和特征在头脑中可形成“原型”。在问题解决过程中，问题解决者在“原型”中获得一些原理的启发，他结合当前问题的有关知识，提出解决方案，从而创造性地解决问题。原型启发理论有助于人们更清楚地认识创造性的思维过程，为创造性思维的培养提供指导。

这种原型启发的思维方式应用非常普遍。人们通过对鸟翅膀构造的研究，设计出飞机的机翼；通过对蝙蝠超声波定位的仿效，制造出雷达；通过对狗鼻子构造的分析，发明了比狗鼻子更灵敏的电子嗅觉器……从飞鸟到飞机，从开水壶到蒸汽机，从海豹皮到南极探险服，从木蛀虫到地道导管软钻机……

（3）形象发现。形象发现往往是指个体在对某个问题进行较长时间探索思考的过程中，借助某些相关或不相关的事物时，受其表象的影响而得出解决问题的答案或启示。它往往在艺术创作中的应用比较突出。

（4）情景激发。情景激发即情急之中突然在脑中闪现的解决问题的答案或启示。

2. 灵感的产生

一般认为灵感的产生包括专注、搁置、顿悟。

（1）专注。灵感的产生并不是凭空而来的，往往是思考者集中于某个事物或某一问题的解决办法时，大量搜集相关知识内容，却仍然百思不得其解，思绪处于一种较为紧张的状态下，挥之不去，驱之不散。

（2）搁置。在大量集中用脑之后，仍然毫无头绪只能将所思考的问题暂时搁置，可以做一些无关的事情，例如，听听音乐、散步、运动等，这样可以有效地帮助我们适当转移注意力，放松一下过度疲劳的大脑。灵感常常出现于脑紧张劳动之后松弛状态；这也便是许多科学家都认为在长期的紧张工作和思考之后，在散步、闲谈、爬山、听音乐、跳舞和唱歌，会常常有灵感到来的原因。有的人还认为在吃饭前肚子较“轻松”——饥饿之时、晚上临睡前或经过一夜酣睡早晨醒来之后，灵感最易出现。

（3）顿悟。在经过长期思考和探索某个问题后，思考者逐渐积累了许多相关的知识和信息，虽然暂时还没有找出最后的答案，但可能只隔着薄薄的一层窗户纸。一旦他受到某种意外的启发，把这层纸捅破，就会恍然大悟、豁然贯通，在认识上出现飞跃。灵感的出现，看似容易却艰辛。

王国维说：“古今之成大事业、大学问者，必经过三种之境界：第一境为昨夜西风凋碧树，独上高楼，望尽天涯路。第二境为衣带渐宽终不悔，为伊消得人憔悴。第三境为众里寻他千百度，蓦然回首，那人却在灯火阑珊处。”

3. 灵感的训练

（1）勤思考。灵感是人脑进行创造活动的产物，所以勤思考是基本条件。牛顿曾说：“如果说我对世界有些微贡献的话，那不是由于别的，而是我的辛苦耐久的思考所致。”这话可以说明两点：一是思考并不是一件容易的事情，是辛苦耐久的；二是只有辛苦耐久的思考，才能让人创造出非凡价值。所以真正的思考，应当需要专注，需要执着，需要持之以恒，甚至要耐得住寂寞、抗得住诱惑。曹雪芹创作《红楼梦》花了10年的时间，乔伊斯创作《为芬尼根守灵》用了15年的时间，达尔文创作《物种起源》用了28年的时间，马克思创作《资本论》耗了40年的时间。这些创作分别用的10年、15年、28年和40年，何尝不是思考的10年、15年、28年和40年？

（2）兴趣和知识的准备。广泛的兴趣、丰富的知识经验有利于借鉴，容易得到启示，是捕获灵感的另一个基本条件。有人研究过，如果一个人对本职工作有兴趣，工作的积极性就高，就能发挥出他全部才能的80%～90%；如果一个人对工作没有兴趣，工作积极性就低，只能发挥他全部才能的20%～30%。在古今中外的著名学者能够取得成绩和对人类做出重大贡献，就是因为在青年时期对学习和他们所从事的事业有强烈的爱好，这种兴趣和爱好形成一股强有力的力量。推动着他们在自己的研究领域里辛勤耕耘，汲取知识，并取得辉煌的成绩。

（3）智力的准备。智力并非单纯的智商，它可被看作个体的各种认知能力的综合，特别强调解决新问题的能力、抽象思维、学习能力及对环境的适应能力。在智力准备方面，主要包括平时要多注意培养自身的观察力，勤于锻炼联想的能力，拓展全面的想像能力。

（4）乐观镇静的情绪。时刻保持愉快的情绪能够有效增强大脑的感受能力，从而增加感知的敏锐度，有效发挥自身联想和想像的能力。乐观的人，因为具有积极的人生态度，面对挫折时也敢于挑战，勇于解决，不易退缩；具有自信心及自制力，情绪稳定、不容易焦虑。拥有这些优良特质的人，在未来的道路上，拥抱美好的人生。

（5）注意摆脱习惯性思维的束缚。习惯成自然，这话一点儿也不假。我们每天都在有意无意地做这做那，久而久之便养成了一种习惯，潜移默化地就形成了习惯性思维、习惯性行为。人云亦云与独立思维相去甚远，培养独特的视角和操作理念绝非易事，因此切忌片面理解，倒行逆施、螳臂挡车的结局有时比随波逐流更具悲剧色彩。反思习惯性思维，就是提倡多角度、更深入地思考问题，防止被习惯性的认识所蒙蔽。

（6）珍惜最佳时机。西方有这样一句谚语："机会不会再度来叩你的门。"一个人能否成功，固然要靠天赋、靠努力，但善于创造时机，及时把握时机，不因循、不观望、不退缩、不犹豫，想到就做，有尝试的勇气，有实践的决心，多少因素加起来才可以造就一个人的成功。

（7）及时捕捉和记录。许多有创造性精神的人，都曾体验过获得灵感的滋味。但因为事先没有准备，所以没有及时记下这些灵感，事过境迁就再也记不起来了。当然并不是头脑里出现的灵感都有价值，但可以记录下来以后再慢慢琢磨，决定取舍。

（四）直觉

人们在解决问题时，如果不经过逐步分析和推理，就迅速对问题的答案做出合理的猜测和设想，这种跃进式的思维称为自觉思维（或直观思维），简称“自觉”。

1. 直觉在创新性思维中的作用

直觉出现的时机，是在大脑功能处于最佳状态的时候。它形成了大脑皮层的优势兴奋中心，使出现的种种自然联想顺利而迅速地接通，因此，直觉在创造活动中有着非常积极的作用。其功能体现在以下几个方面。

（1）快速优化选择。创造都要从问题开始，而问题的解决，往往有多种可能性，能否从中做出正确的抉择就成了解决问题的关键。直觉往往偏爱知识渊博、经验丰富的人，只有他们才能够在很难分清各种可能性优劣的情况下做出优化抉择。例如，爱因斯坦凭借他非凡的直觉能力，选择了一条全新道路，创立“光量子假说”，对量子论做出了重大贡献。

（2）做出创造性的预见。直觉思维在创造性活动中具有预感作用，尤其在新认识产生的关键阶段，直觉思维并不是作为抽象思维的辅助去理清推理的步骤与内容，而是将人的思维从表面现象直接跳跃至事物本质和最普遍的原则上去，从而有效地进行创造性活动，达到创造的目的。

（3）补充逻辑思维的缺陷。20 世纪，相对论、量子力学两大物理学成果的获得历程表明经验科学时代盛行的理性主义的思维模式已不能适应现代需要，科学发现除了经验总结和严格推理之外更需要直觉、灵感等非逻辑思维来实现对本质的认识。科学家们充分认识到直觉的重要性，在科学发现过程中重视和利用直觉思维不仅是认识手段上的要求，更是扩展科学认识空间的需要，同时也是当代科学发展所必需的思维形式。

2. 直觉的强化

直觉像人的肌肉那样，可以因锻炼而发达。直觉思维能力的强化可从以下几点入手。

（1）获取广博的知识和丰富的生活经验。直觉不是靠“机遇”，直觉的获得虽然具有偶然性，但绝不是无缘无故的凭空臆想，而是以扎实的知识为基础。若没有深厚的功底，是不会迸发出思维的火花的。在前面已经指出，直觉的产生不是无缘无故、毫无根据的，它是凭借人们已有的知识和经验才得以出现的。因此，直觉往往比较偏爱知识渊博、经验丰富的人。从这种意义上说，获取广博的知识和丰富的生活经验是直觉强化的基础。

（2）学会了解直觉的信息。直觉思维凭的是“直接的感觉”，但又不是感性认识。人们平常说的“跟着感觉走”，其中除去表面的成分以外，剩下的就是直觉的因素。直觉需要你去细心体会、领悟，去倾听它的信息、呼声。当直觉出现时，你不必迟疑，更不能压抑，要顺其自然，做出判断并得出结论。

（3）要培养敏锐的观察力和洞察力。直觉突出的特点是其洞察力及穿透力。因此，直觉与人们的观察力及视角息息相关，观察力敏锐的人，其直觉出现的概率更高，直抵事物本质的效果更强。因此，要有意识地培养自己的观察力，特别是提高对那些不太明显的软事实，如印象、感觉、趋势、情绪等无形事物的观察力。

（4）客观地对待直觉。直觉虽然是凭借人们已有的知识及经验，凭“直接的感觉”产生，却常常会受到客观环境的影响及个人情感的干扰。特别是后者，当一个人处在某种情感（例如猜忌、埋怨、愤怒等）的困扰中时，直觉的判断就有可能失去客观性。因此，我们要客观地对待直觉，产生直觉的过程要尽量排除各种影响和干扰，出现直觉以后，还要回过头来冷静地分析其客观性。

3

第三章　创 业 导 论

随着高等教育的普及，高校毕业生人数急剧增加，大学生就业难早已成为社会关注的焦点和热点问题。然而，大学生就业难并不是我国独有的问题，为缓解就业的压力，很多国家都把大学生创业作为带动就业的核心动力，并取得了一些成功的经验。目前在美国、欧洲等发达国家，大学毕业生创业人数占毕业生总数的比例一般为 20% ～ 30%，自主创业已成为大学生就业的重要途径之一。

创新与改变——乔布斯的创业故事

提起史蒂夫·乔布斯（Steve Jobs），关于他的一组震撼性的数字就会浮现在我们眼前：2次手术，3个孩子，8年抗病，11款经典产品，100倍股价涨幅，1000万台iPad，1亿部iPhone，2.7亿台iPod，带动全球超过万亿产值，使其成为当今社会追梦者的偶像和精神领袖。但创业属于一种创新活动，充满了机遇，也充满了挑战和变教，成功、竞争和风险与创业形影相随。与其说乔布斯创造苹果品牌是成功的经典，不如说他和苹果公司都经历了常人所未曾经历过的挫折。世上本无天才，成功必有艰辛。

1955年2月24日，斯蒂夫·乔布斯出生在美国旧金山，一出生就被心狠的父母遗弃了。幸运的是，一对好心的夫妻收留了这个可怜的孩子。虽然是养子，但养父母却对他很好，如同亲子。学生时代的乔布斯聪明、顽皮，肆无忌惮，常常喜欢别出心裁地搞出一些令人啼笑皆非的恶作剧。不过，他的学习成绩倒是十分出众。

当时，乔布斯就生活在著名的“硅谷”附近，邻居都是“硅谷”的元老——惠普公司的职员。在这些人的影响下，乔布斯从小就很迷恋电子学。一个惠普的工程师看他如此痴迷，就推荐他参加惠普公司的“发现者俱乐部”。这是个专门为年轻工程师举办的聚会，每星期二晚上在公司的餐厅中举行。就在一次聚会中，乔布斯第一次见到了电脑，他开始对电脑有了一个朦胧的认识。

上初中时，乔布斯在一次同学聚会上，与比他年长5岁的沃兹见面。沃兹是学校电子俱乐部的会长，对电子学也有很大的兴趣。两个人一见如故，8年后他们创办了苹果电脑公司。

19 岁那年，刚念大学一年级的乔布斯突发奇想，辍学成为雅达利电视游戏机公司的一名职员，之后成为该公司的一名工程师。安定下来之后，乔布斯常常与沃兹在自家的小车库里琢磨电脑。他们梦想着能够拥有一台属于自己的电脑，可是当时市面上卖的电脑都是商用的，且体积庞大，价格昂贵。于是，他们准备自己开发。制造个人电脑必需的就是微处理器，可是当时的 8080 芯片零售价要 270 美元，并且还不出售给未注册公司的人。两人没有灰心，继续寻找，终于在 1976 年旧金山威斯康星计算机产品展销会上买到了摩托罗拉公司出品的 6502 芯片，功能与英特尔公司的 8080 相差无几，但价格却只要 20 美元。

带着 6502 芯片，两个狂喜的年轻人回到乔布斯家的车库，开始了自己伟大的创新。他们设计了一个电路板，将 6502 微处理器和接口及其他一些部件安装在上面，通过接口将微处理机与键盘、视频显示器连接在一起，仅仅几个星期，电脑就装好了。乔布斯的朋友们都被震惊了，但他们还没意识到，这个其貌不扬的东西就是世界上第一台个人电脑，会给以后的世界带来很大的影响。但是精明的乔布斯立即估量出这种自制电脑的市场价值所在。为筹集批量生产的资金，他卖掉了自己的大众牌小汽车，同时劝说沃兹也卖掉了他珍爱的惠普 65 型计算器。就这样，他们有了奠基伟业的 1300 美元。

1976 年愚人节那天，乔布斯、沃兹及乔布斯的朋友龙·韦恩做了一件影响后世的事情：他们三人签署了一份合同，决定成立一家电脑公司。公司的名称由偏爱苹果的乔布斯一锤定音——称为苹果。后来流传开来的就是那个著名的商标——被人咬了一口的苹果。而他们的自制电脑则被顺理成章地追认为“苹果 1 号”。

一个偶然的机遇给“苹果”公司带来了转机。1976 年 7 月的一天，零售商保罗·特雷尔来到了乔布斯家的车库，当看完乔布斯熟练地演示电脑后，他认为“苹果”机大有前途，决意冒一次风险——订购50台整机，但要求一个月内交货。乔布斯喜出望外，立即签约，拍板成交，这可是做成的第一笔“大生意”。

50台整机在特雷尔手里很快销售一空，有了良好的开始，“苹果”公司名声大振，开始了小批量生产。乔布斯和沃兹开始意识到，他们的小资本根本不足以应付这急速的发展。乔布斯后来回忆道：“大约是在1976年秋，我发现市场的增长比我们想像的还要快，我们需要更多的钱。”为此，他们分头去找资金支持，包括沃兹就职的公司惠普。但遗憾的是，这些公司都没意识到这其中蕴藏的商机和市场。

机遇往往垂青努力的人。1976年10月，百万富翁马尔库拉慕名前来拜访沃兹和他们的车库工场。马尔库拉是位训练有素的电气工程师，且十分擅长推销工作，被人们称为推销奇才。由于在股票生意上发了财，他很早就选择了退休的生活。但看到这两个年轻人的新产品，马尔库拉决心重操旧业，帮助他们把公司大张旗鼓地办起来。他主动帮助他们制订一份商业计划，给他们贷款69万美元，将自己的命运与两个年轻人联系在一起。有了马尔库拉这样的行家里手的指导，也有了这笔巨资，“苹果”公司的发展速度大大加快了。

1980年，《华尔街日报》的全页广告写着“苹果电脑就是21世纪人类的自行车”，并登有乔布斯的巨幅照片。1980年12月12日，“苹果”公司股票公开上市，在不到一个小时内，460万股被抢购一空，当日以每股29美元收市。按这个收盘价计算，“苹果”公司高层产生了4名亿万富翁和40名以上的百万富翁。乔布斯作为公司创办人当然是排名第一。

1997年，乔布斯被评为“最成功的管理者”。越来越多的业界同仁认同了此观点。

乔布斯成为一个奇迹，但这个奇迹还将继续进行下去。他总是给人们创造不断的惊喜，他是个电脑天才，拥有绝妙的创意头脑和伟大的目标，处变不惊的领导风范筑就了“苹果”企业文化的核心内容，“苹果”公司的雇员对他的崇敬简直就是一种宗教般的狂热。雇员甚至对外面的人说：“我为乔布斯工作！”

【讨论】

乔布斯的成功是偶然的吗？有哪些因素促成了他的成功，这给我们什么启示？

第一节 创业概述

创业是人类最基本的实践活动，从某种意义上说，人类社会发展的历史，就是一部不断创业的历史。通过各个时代的创业，人类不断地创造新的物质财富和精神财富，来满足自身物质和精神的需要，从而推动社会不断进步，使社会逐步走向文明、昌盛、富强。

一、创业的定义

在我国“创业”一词自古有之，最早出现于《孟子·梁惠王下》：“君子创业垂统，为可继也。若夫成功，则天也。”这里“创业”的意思就是“开创基业。”

实际上，“创业”是一个与“守成”相对应的概念。“守成”是指保持前人已有的成就与业绩，而创业则是指自主地开拓和创造成就与业绩。

对于创业的理解，有广义和狭义之分。广义的创业是指个人、群体或组织，以创新和独特的方式追求机会、创造价值和谋求增长，而不顾及资源限制的精神和行为：狭义的创业是指创业者发现商机并以创建企业的方式把握商机获得盈利，而不顾及资源限制的过程。

当然，国内外学者对于创业给出了不同的界定。目前，许多学者侧重于从追求机会的角度对创业进行定义。如美国哈佛大学教授斯蒂文森（Howard H.Stevenson）指出：“创业是一种管理方式，即对机会的追逐，与当时控制的资源无关。”我国学者郁义鸿、李志能等认为：“创业是一个发现和捕捉机会并由此创造出新颖的产品或服务，实现其潜在价值的过程。”

综上所述，我们将创业定义为：承担风险的创业者，通过寻找和把握创业机会，整合相关资源，创建新企业或新组织，提供产品或服务，为个人和社会创造价值和财富的过程。

由此可见，创业是人们发现和捕捉机会并由此创造出新颖产品或服务，实现其潜在价值的复杂过程，是从创业意识产生到企业或组织成长的全过程。它具有开拓性、创新性和增值性等特征。

二、创业的内涵

对于上述创业的定义，可以从以下四个方面来理解其内涵：

（1）创业是一个复杂的创造过程，创造出某种有价值的新事物。这种新事物必须是有价值的，不仅对创业者本身有价值，对社会也要有价值。价值属性是创业的重要社会性属性，同时也是创业活动的意义和价值。

（2）创业必须要贡献必要的时间和大量的精力，付出极大的努力。要完成整个创业过程，要创造新的有价值的事物，就需要大量的时间，而要获得成功，没有极大的努力是不可能的，而且很多创业活动的创业初期是在非常艰苦的环境下实现的。

（3）创业要承担必然的风险。创业的风险可能有各种不同的形式，取决于创业的领域和创业团队的资源。但通常的创业风险主要是人力资源风险、市场风险、财务风险、技术风险、外部环境风险、合同风险、精神方面的风险等方面。创业者应具备超人的胆识，甘冒风险，勇于承担多数人望而却步的风险事业。

（4）创业将给创业者带来的回报。作为一个创业者，最重要的回报可能是其从中获得的独立自主，以及随之而来的个人的物质财富的满足。对于追求利润的创业者，金钱的回报无疑是重要的，对其中的许多人来说，物质财富是衡量成功的一种尺度。通常，风险与回报成正相关关系。创业带来的回报，既包括物质的回报，也包括精神的回报，它是创业者进行创业的动机和动力。

尽管学术界对创业有着不同的描述，但从总体上看，创业的内涵主要包括：开创新业务，创建新组织，借助创新实现资源的组合，通过对潜在机会的发掘而创造价值，创业者在创业的过程中需要投入时间和付出努力，需要承担相应的风险，并获得经济上的回报，实现个人的满足和独立自主。

三、大学生创业的意义

（一）自主创业实现个人理想

通过创业，大学生可以将自己的兴趣和理想结合，实现人生价值最大化。因为每个人的兴趣和理想都不同，而兴趣和理想是否能够合理地匹配，又是很多大学生比较茫然的。因此，通过创业，大学生可检验自己的兴趣和理想是否能够很好地结合，最终达到人生目标的追求。

（二）创业提供自我提升的机会

创业实际上也是一个学习的过程，大学生创业者在创业过程中，可以将自己所学的理论知识运用到实践当中，即便遇到挫折和失败，也可以从中学习、总结经验，从失败中知道自己哪方面知识不足，从而进行有针对性的回补，实现自我能力和精神的提升。

（三）创业可缓解国家就业压力

随着全国高校持续扩招，再加上近年来全球金融危机的影响，我国社会就业供求总量矛盾突出，就业形势越来越严峻。大学生创业不仅可以解决自身的就业问题，而且其创办的企业还可以为其他大学生提供就业岗位，给其他人提供就业机会，缓解国家的就业压力。

（四）营造高校创业氛围

大学生创业可以提高高校文化的感召力和影响力，通过打造创业文化品牌，以及举办创业成功者交流会和创业竞赛等形式为高校学生树立学习榜样，带动高校学生创业的积极性。创业能有效地营造大学生创业的校园文化氛围，为推动学校育人模式的改革做出自己的贡献。

◎阅读案例

学生创业可以从简单的做起

复旦大学计算机专业的一位毕业生，从走出校门开始创业卖鸡蛋。三年来，他进行了多项创新，获得了收益。第一项创新是成功开发鸡蛋的“身份证”。他运用计算机知识，开发出“阿强”鸡蛋的“网上身份查询系统”。他卖的鸡蛋有一个卡片，消费者用卡片就可以查出这个鸡蛋是哪个鸡在什么地方生的、卫生条件如何等。现在大家的生活水平提高了，都希望吃到新鲜的鸡蛋，他开发出的鸡蛋“身份证”满足了大家的需求，因此销量大大提高。第二项创新是包装，打造第一个品牌。第三项创新是推出“头窝鸡蛋”，满足了人们吃到营养最足的头窝鸡蛋的需要。第四项创新是在推销中运用他所学的计算机知识。

四、创业的类型

（一）就业型创业和机会型创业

从动机角度可将创业分为就业型创业和机会型创业。

1. 就业型创业

就业型创业的出发点在于谋生，创业者为了谋生而走上创业之路。这种创业大多属于模仿型和尾随型，项目多集中在服务行业，且很少带动新产业的发展，也比较难创造新的市场需求。由于就业型创业仅仅是为了谋生，所以可以预见这种创业所能创造的个人价值和社会价值很有限。

2. 机会型创业

机会型创业的出发点并非为了谋生，而是为了抓住时机，实现个人事业的更大发展。这种创业一般以大市场、新市场为主，所以一般能创造出新的或者潜在的市场需求。机会型创业能够带动新的产业发展，目前世界各国的创业活动也多以机会型为主，但是我国的机会型创业则较少。

（二）自主型创业和企业内创业

按照企业建立的渠道，可将创业分为自主型创业和企业内创业。

1. 自主型创业

自主型创业是指创业者个人或者创业团队白手起家进行创业。这种类型的创业活动充满挑战性，个人的能力和想像力能够得到最大限度地发挥。创业活动中，创业者可多方面地接触社会各个阶层，摆脱日复一日、单调乏味的重复性劳动的工作，并且创业为创业者提供了一个可供自己能力施展的平台，一旦创业成功，创业者可在较短的时间内积累财富，奠定人生的物质基础，从而为攀登人生的顶峰打好基础。

2. 企业内创业

成熟的企业为了使自己获得持续的增长和长久的竞争力，鼓励企业员工创新并使其研发成功的产品商品化，通过授权和资源保障的方式支持企业内创业。市场上的每一种产品都有一定的生命周期，而企业只有通过不断地推出新产品和服务，才能跳出产品生命周期的怪圈。而成熟企业的增长同样需要创业的理念和文化的支持，需要企业内部创业者利用和整合内部资源创业。

五、创业教育的主要内容

创业教育以培养大学生的创业基本素质为目标，包括创业意识、创业精神、创业能力和创业品质。培养大学生具有自主创业意识、创业精神、自主创业能力和形成创业知识结构是保证创业教育开展和实施的有效途径。

（一）树立自主创业意识

创业意识是指在创业实践活动中对人起到动力作用的个性心理倾向，包括创业需要、创业动机、创业兴趣、创业信仰和创业世界观等心理因素，创业意识可以衡量创业者的创业动力是否强烈。某种程度上，创业意识和创业动力是成正比例关系的。一个有强烈创业动力的创业者，他的创业意识也更加强烈。培养受教育者的创业意识是创业素质的重要组成部分。高等院校开展创业教育，就是要引导学生树立正确的就业观，主动将所掌握的专业技能、知识、兴趣、需要、理想同社会的需要结合在一起，创造出新的就业岗位，更好地实现自己的人生价值。引导大学生树立独立自主、艰苦奋斗、勇于竞争的自主创业意识是创业教育的首要任务。

（二）培养创业精神

创业精神是以创新、变革为核心的个性品质，也是推动社会经济变革、促进社会经济发展的重要力量。它既体现在创业者个体在创业实践活动中所表现出来的独特的市场判断能力、与众不同的行为方式，以及敢于冒险、敢于担当、百折不挠的意志品质等方面，也体现在一个国家或一个企业的技术创新、经营模式创新、管理制度创新、产业创新等方面。它既对个体的人生追求和事业发展具有重要影响，也对企业的发展、民族的兴旺和国家的繁荣具有重要影响。

（三）形成创业知识结构

创业教育不是简单地给受教育者上几节创业教育课，也不是请成功的企业家做几场讲座，它是一项庞大的系统工程。足够的知识储备和完善的知识结构是大学生创业的支撑，包括一定的法律、企业经营管理、财务、专业、文史、政策法规、公关交际、销售、市场、产品设计等相关知识。

第二节　创业精神

著名管理学家德鲁克曾经指出，世界目前的经济已由“管理型经济”转变为“创业型经济”，企业唯有重视创新与创业精神，才能再创企业生机。创业的动因源于创业精神，因此创业精神对于个人、组织和社会变得日益重要，甚至不可或缺。

一、创业精神的概念

创业精神这个概念最早出现于18世纪，其含义一直在不断变化。综合已有的创业精神定义，我们认为，创业精神是创业者在创业过程中的重要行为特征的高度凝结，主要表现为勇于创新、敢当风险、团结合作、坚持不懈等。创业精神的基本内涵可以从哲学层面、心理学层面、行为学层面三个方面加以理解：从哲学层面看，创业精神是人们对创业行为在思想上、观念上的理性认识；从心理学层面看，创业精神是人们在创业过程中体现的创业个性和创业意志的心理基础；从行为学层面看，创业精神是人们在创业行为中所表现的创业作风、创业品质的行为模式。

创业精神是创业者各种素质的综合体现，它集冒险精神、风险意识、效益观念和科学精神为一体，体现了创业者具有开创性的思想、观念和个性，以及积极进取、不畏失败和敢于担当等优秀品质。创业精神不但是一种抽象的品质，而且是推动创业者创业实践的重要力量。这具体表现在以下三个方面：

第一，创业精神能让创业者发现别人注意不到的趋势和变化，看到别人看不到的市场前景。

第二，创业精神能让创业者在新事物、新环境、新技术、新需求、新动向面前具有较强的吸纳力和转化力。

第三，创业精神能让创业者不断地寻找机会，不断地创新，不断地推出新产品和新经营方式。

二、创业精神的主要特征

经济学家熊彼特专门研究了创业者创新和追求进步的积极性所导致的动荡和变化，将创业精神看作一股“创造性的破坏”力量。因为创业者采用的“新组合”使旧产业遭到淘汰，原有的经营方式被新的、更好的方式摧毁。管理学家德鲁克将这一理念更推进了一步，称创业者是主动寻求变化、对变化做出反应并将变化视为机会的人。

综观各个学派、各方人士对创业精神的理解，通过对古今中外创业者的创业活动和人格特征的深入分析，我们将创业精神的特征概括为以下几个方面：

（1）综合性。创业精神是由多种精神特质综合作用而成的。诸如创新精神、拼搏精神、进取精神、合作精神等，都是创业精神的重要特质。

（2）整体性。创业精神是由哲学层面的创业思想、创业观念，心理学层面的创业个性和行为学层面的创业作风构成的整体，缺少其中任何一个层面，都无法构成创业精神。

（3）先进性。创业精神的最终体现是开创前无古人的事业，所以它必然具有超越历史的先进性，想前人之不敢想、做前人之不敢做。

（4）时代性。不同时代的人们面对不同的物质生活和精神生活条件，创业精神的物质基础和精神营养也就各不相同，创业精神的具体内容也就不同。

（5）地域性。创业精神还明显地带有地域特色。例如，作为改革开放前沿的广东，其创业精神明显带有“敢为天下先”“务实求真”“开放兼容”和“独立自主”等特性。

三、创业精神对个人生涯发展的影响

创业精神不是与生俱来的，而是在后天的学习、思考和实践中逐渐形成的。创业精神一经形成，就会对人一生的发展产生重要影响。这种影响既体现在创业者创业准备和创业活动的始终，也体现在普通人的日常工作、学习和生活中。从某种意义上说，创业精神不但决定个人生涯发展的态度，而且决定个人生涯发展的高度和速度。

1. 创业精神决定个人生涯发展的态度

作为一个社会人，其生涯发展必然要受到各种社会因素的影响。但是，不同的人由于其生涯发展的态度不同，在面临各种各样的发展机遇时，其选择也不相同。而创业精神作为一种思想观念、个性心理特征和行为模式的综合体，必然会对其生涯发展态度具有重要影响。例如，创业精神中思想观念的开放性、开创性，容易让人接受新思想、新事物，形成开放的态度，敢于开风气之先，从而想他人未曾想，做他人不敢做，成为事业上的领跑者。又如，创业精神中的创新精神、拼搏精神、进取精神、合作精神等，能使人树立积极的生活态度，在顺境中居安思危、不懈奋进，在逆境中不消沉萎靡，排除万难、励精图治，重新找到生涯发展的方向。有道是"态度决定一切"，在相同的个人禀赋和社会条件下，有创业精神的人因为有更积极的人生态度，所以更有可能发现和把握机会，更有可能取得事业上的成功。

2. 创业精神决定个人生涯发展的高度

创业精神是一个人核心素质的集中体现，它不仅决定了一个人在机遇面前的选择，而且决定了一个人的生涯目标和事业追求。具有创业精神的人，无论是创办自己的企业，还是在各种各样的企事业单位就业，都会志存高远、目光远大、心胸宽广。这样的人不但在事业上会取得更大的成绩，在个人品德和修为上，也会达到更高的境界。

随着国家经济、政治、文化、社会、生态"五位一体"的深入改革，社会结构将发生重大调整，各行各业将在变革中重新达到利益均衡，这既为个人的发展提供了更多的机会，也带来了更大的挑战。在这种背景下，大学生如果能够有意识地培养自己的创业精神，让个人理想与社会发展的趋势和节奏相吻合，就有可能使自己事业的发展，达到计划经济时期无法想像的高度。但是，大学生如果在个人生涯发展上仍然沿袭计划经济时期的思维模式，不去主动规划自己的生涯发展，一切等着家长、学校和政府安排，一心想找个安稳、轻闲的“铁饭碗”，就很有可能一辈子也找不到理想的工作，甚至毕业就“失业。

3. 创业精神决定个人生涯发展的速度

创业精神是一种主动精神和创造精神，这种精神能让人积极、主动、优质、高效地做好自己承担的每一份工作，从而在平凡的岗位上做出不平凡的贡献。实践证明，具有创业精神的人，不管在什么岗位，不管从事什么职业，其强烈的成就动机，其追求增长、追求效益的欲望，都将转化为内心强劲的追求事业成功的动力。在这种动力驱使下，人们会将眼前的工作作为未来事业发展的起点，把握好生命中的每一个机会，做好自己从事的每一项工作。创业精神也是一种求真务实的精神。这种精神的本质，就是实事求是、讲求实效，就是实干苦干、反对浮夸、反对空谈。在人类社会的发展史上，许多企业家正是凭借这种精神，创造了从白手起家到富可敌国的财富神话；许多科学家、思想家、政治家、教育家和劳动模范，也正是凭借这种精神，从一个普通学子成长为举世瞩目的业界精英。当前，我国正处于改革开放的攻坚时期，改革是一条从来没有人走过的路，既不能在“本本”中找到现成的答案。也无法从前人的经验中寻找固有的模式，更不能靠幻想和争论来解决出路问题。在这种背景下，富于创业精神的人，敢于靠自己的实践探索，“摸着石头过河”，会接受更多的挑战，完成更多的任务，取得更大的业绩，因而会得到更快的发展。

四、创业精神的培育

建立一个企业如此烦琐，而维持一个企业的生存更是一个漫长的历程。作为一个初次创业者，到底应该从哪里入手，怎样才可以把一个企业建立起来并且经营成功呢？这是每一个将要开始创业之旅的人面临的共同问题。

创业既是一种能力，也是一种精神。如果说资金和项目对创业者非常重要，那么是否具有创业精神将是更重要的大问题。创业者的自身素质是创业成败的关键，而创业精神需要在创业过程中慢慢培养，创业者的素质和能力，包括创业者的创业精神，都是可以培养和提高的。其实，每一位成功的企业家，在他开始创业之前，都是普通人。

（一）成功企业家对创业精神的示范作用

1. 创业者是可以培养的

每一个创业者在创业初期，都应该对已经创业成功或没有创业成功的人做尽可能多的了解。当然，这种了解不能对自己的创业形成束缚。人们所学会的每一件事都是实践的结果，而每一个创业者在创业历程中，都不可避免地犯过错误。任何一位企业家都会牢记自己和其他创业者经历了怎样的磨难才取得了今天的成功，其中最典型的就是汽车大王亨利·福特曾经破产过四次。

创业实践证明：学习别人成功的经验，可以使人更快成功；汲取别人失败的教训，可以使人不复制失败。就像家长在孩子小的时候就告诫孩子不要用手去摸太热的东西一样，实际上如果没有家长的教诲，这个世界上不知要多出多少被烫伤的事故。

2. 向成功者学习成功的经验

学习是获得经验的捷径。没有谁天生就有丰富的经验，所有的经验都是人们经历之后才获得的，“实践出真知”，只有在挫折中“吃一堑，长一智”，才可以积累有用的经验。如果想拥有经验，梦想创业成功，最好的办法就是向创业经验丰富的人讨教，分析成功企业家的案例，然后注意借鉴他们的经验，行动起来。

不要在山底下跟没有登过山的人请教攀登到山顶的经验，而要跟那些已经成功攀到顶峰的人请教。一个没有登过山的人，怎么可能教会别人登山的技巧呢?

3. 学会独立观察和思考问题

学习那些成功的案例，不难发现，在那些成功企业家的眼里到处都是机会。他们很少抱怨，而总是用一双善于发现的眼睛看到别人看不到的商机。他们总是具有独特的思路和见解，而且行为也通常异于常人。有时甚至是不为大多数人接受，但是却从来不人云亦云，所以才能成为人群中的佼佼者。具有不同于常人的思维方式和不盲目追随“羊群效应”的行为方式，是成功企业家的普遍特点。

4. 创业者是英雄

敢冒风险是成功人士的另一特点。风险和机遇是一对孪生兄弟，如果只选那些别人尝试过的、四平八稳而又无风险的事去做，那必将与很多机会擦肩而过。都说机会只光顾那些有准备的头脑，事实上，机遇在很多时候都给了那些敢于承担风险的人。

汤姆·威尔斯说:“创业者都是英雄。”因为，在创业者决定迈出创业这一步的时候，不管前路是成功还是失败，都做好了迎接挑战的准备。

（二）创业精神的培育

我们在大学和社区的创业培训实践中发现，真正去创建一个公司毫无疑问是学习创业、培养学生创业精神无可替代的、最好的方法。但是，在学校里如果让学生真的去开公司，则需要具备一定的客观条件。因此，可以把创业者身上最重要的创业精神、创新意识等品质提炼出来，用案例教学法、情景模拟法、项目教学法为同学们创造学习环境，同时，创造机会让同学们去实践。

人生何处不营销，因此营销实践应该是培养学生创业精神的第一课。如果在营销训练中学会取悦客户，那今后无论是对父母、对老师还是对同学，都应该明白怎样才能让别人喜欢，这既是营销的“取悦客户”的锻炼，也是“如何做一个受大家欢迎的人”的训练。

一个人，如果可以做到在家取悦父母（孝顺、多做家务、体贴父母），在校取悦老师（认真学习、积极发言、懂事、会体谅别人）、取悦同学（相助、互相关心、友爱、对人和善），谁能说这不是成功？一旦在生活和实践中培养了创业精神，就不会再惧怕困难；一旦养成了优良的习惯，形成了优秀的性格和品质，就会成为无论到哪里都会发光的金子。一个优秀的人会习惯于优秀，一个有创业精神的人不论将来是就业还是创业，都会是一个不断进取、不断创新、对社会有用的人才。

第三节 创 业 者

创业是商业活动中最复杂的一个过程，它蕴涵着很高的风险，在人人都想创业的时代，有人成功就必然有人失败，创业要想成功，优秀的创业点子非常重要，但创业者不但要考虑自己是否具备创业的条件，同时还要做好承担一切压力与责任的心理准备，同时也要有敏锐眼光和创新意识、创业素质、创业能力，能从平凡的事情当中找出闪光点。

一、创业者的定义

广义的创业者指创始人。狭义的创业者是指创业活动的推动者，是活跃在企业创立和新创企业成长阶段的企业经营者。创业者是主导劳动方式的领导人，是能够无中生有的人，是需要具有使命、荣誉、责任能力的人，是组织运用服务、技术、器物作业的人，是一种具有思考、推理、判断能力的人，是一种能被人追随并获利的人，是一种具有完全权利能力和行为能力的人。创业者既可以是个人，也可以是团队。

创业者并不等同于企业家，因为很多创业者在早期并不可能完全具备企业家必备的特质。创业者只有不断完善个人素质，带领企业获得商业上的成功，才可能逐步成为真正的企业家。

创业者不是神话。创业教育创始人之一彼得·德鲁克曾经说过："创业不是魔法，也不神秘，它与基因没有任何关系。创业是一种训练，就像任何一种训练一样，人们可以通过学习掌握它。"创业教育专家布罗克豪斯也曾经指出："教一个人成为创业者，就如同教一个人成为艺术家一样。我们不能使他成为另一个梵高，但是我们却可以教给他色彩、构图等成为艺术家必备的技能。同样，我们不能使他成为另一个布朗森，但是成为一个成功的创业者所必需的技能、创造力等却能通过创业教育而得到提升。"可见，一个人通过适当的学习和实践以及经验的积累，完全可以成为创业者，每个人都具备成为创业者的潜力。

二、创业者的基本特质

创业者（entrepreneur）是一种主导劳动方式的领导人，是一种无中生有的创业现象，是一种需要具有使命、荣誉、责任能力的人，是一种组织、运用服务、技术、器物作业的人，是一种具有思考、推理、判断的人，是一种能使人追随并在追随的过程中获得利益的人，是一种具有完全权利能力和行为能力的人。

成功的创业者身上一般会具有哪些基本特质？美国著名孵化器 Y Combinator 合伙人萨姆·阿尔特曼（Sam Altman）列出了一个清单，下面列举了成功创业的人士所具有的共性特质。

第一，着迷产品或体验的质量。常常花费大量的时间在那些看似不重要的细节上。但如果产品体验不好，创业者会感到很痛心。

第二，着迷于雇佣最优秀的人才。能够组建高质量的团队是他们的骄傲。如果聘任有误，也会迅速解决。

第三，用简单清晰的话语介绍公司前景。那些复杂的、啰嗦的句子用处不大。知道自己成功或失败的原因，对市场有明确的预判。在早期就能获得产品收入，常常在其获取第一批用户时，收入来源也就确定了。

第四，坚韧而安静。伟大企业的创业者都比较镇定。即使濒临倒闭，也能快速反应，并且能够保证成本，直到一切都运转良好，他们尽量把钱花在最值得的地方。成功的创业公司一开始只推出一些少数人真正喜欢的东西，拥有一群核心的用户，如果一开始用户规模就很大，未必是好事，实现有机的增长，回避较大的合作交易或非常大规模的公关，才是长远之计。

第五，关注增长。企业者清晰地知道每周、每月、每年的增长率，并在关注增长和对未来策略性的思考之间实现平衡。不仅如此，企业者集中关注当下的执行，而非总想着未来几年的策略。时刻将企业利益放在第一位，为了实现企业利益最大化，能够做到“不惜一切”代价，比如为了公司，雇佣一些自己并不喜欢的人，只要能对公司成长有利。而且，他们善于权衡利弊，如果每天看似有 100 件事情要做，那么他们很容易把这个数字压缩到最低。

第六，成功的创业者都是人品不错的人。虽然有时会感到他们很无理，很难相处，但本质上，他们都是好人，会做该做的事情。他们并不是追求表面上成功的荣耀，也不是为享受成功带来的刺激。不过这条也不一定适用所有人。

三、创业者的素质与能力

大学生若想成为一名成功的创业者，必须具备以下基本素质。

（一）胸有抱负，目标明确

只有拥有远大抱负、目标明确的人才能创业成功。未来 5 年的目标是什么？未来 10 年的目标又是什么？创业者必须对这些有着详细的计划，正所谓“有志者立常志，无志者常立志”。只有朝着既定的目标前进，所有的努力才不会偏离目标，才能最终取得成功。没有目标的人很难成功。

（二）善于创新，独辟蹊径

要想成功创业，必须富有创新意识。只有创新，才能使事业独树一帜。即使和别人做同样的事，也要另辟蹊径，走出一条与众不同的经营之路，靠特色赢得成功。

（三）自信乐观，百折不挠

创业者还必须有抗挫折的能力。做任何一件事都不可能平平坦坦地走向成功，在前进的路上虽然有荆棘和困难，但只要自信、乐观，把困难当作磨炼，就能到达成功的彼岸。

（四）团队精神，善于合作

一个优秀的创业者，要具有团队精神，一个人的智慧是有限的，众人拾柴才能火焰高。要想成功，就要掌握与人交往、与人合作的能力。一个善于合作的创业者，会事半功倍。

（五）诚信正直，精力充沛

许多成功的创业者都信奉“诚信”二字。诚信是立身之本，没有诚信做根基，就无法赢得客户的信任，同样也无法获得合作伙伴的信赖。强健的体魄、充沛的精力也是创业者必不可少的素质之一。在创业的初始阶段，资金、人力往往不足，这时创业者有可能一个人要承担几个人的工作量，没有强健的体魄，恐怕难以保证创业的成功。

（六）想要成功的强烈愿望

创业者和普通人的愿望是有差别的，他们的愿望往往超越现实，需要打破眼前的立足点，有不破不立的意境。创业者的愿望通常伴随着行动力和牺牲精神，他们大多不满足于现状，想要改变什么或者重新定位自我，这就是所谓的“心有多大，舞台就有多大”。

（七）成功之前的超强忍耐力

古人说：“成大事者，必先苦其心智，劳其筋骨。”许多创业者都有极强的忍耐力和超强的意志力。他们为了成就目标，经常挑战身体和心理的极限，因为能忍受成功前的寂寞和挫折，所以能成功创业。

（八）比常人开阔的眼界

广博的见识、开阔的眼界，会缩短创业者走向成功的距离。因为眼界开阔，必然少走弯路。埋头拉车容易走进死胡同，边走边看边想，才能走上最近的路，避免不必要的精力和财力的浪费。

四、创业者容易犯的错误

（1）错误的市场定位。成功需要高瞻远瞩，一些取得较大成功的人总会先选择一个巨大并有足够发挥空间的市场。因为选择一个好的市场能够弥补大量的过错，而选择错误的市场会使你的事业变成一场转轮游戏，而转轮的每个弹膛都有一颗子弹。

（2）错误的创业合作者。曾有人说："毁掉一段友情最快速的方法就是和他一起创业。"就算你们是朋友，但并不代表你们能够合作愉快。就好比婚姻，意见相左反而彼此吸引。别和观念总与你一致的人一起创业。找这样一个人才是最合适的：他的优点是你的缺点，他的弱项是你的强项。两人虽然意见对立，但能够更全面地总结并克服困难，并彼此信任。

（3）一直在等待。想知道你的产品有无市场的唯一方法是带着你的产品拜访并且要求人们购买，或者立刻使用。在你的计划阶段所想像的可能发生的事情，和你在市场上销售自己的产品或服务时实际上发生的事情是有巨大差别的。所以创业要尽早，从而得到反馈意见，反复考虑只能永远反复下去。

（4）花钱太快、太多。大多数创业者的失败就是因为一个简单的理由：他们不善经营。要知道，作为创始人，你的工作就是确保公司在财政枯竭之前走上正轨。

企业家们喜欢在商业模式调整好之前投入过多的资金。正确的做法是尽量花费少量的资金并尝试找到最适合自己的商业模式。如果你正在销售一款产品，除非你的销售员要求涨两倍工资，否则不要轻易更换销售员。做买卖不能太冲动，除非你非常肯定人们都会来买你的产品。

（5）雇佣不理想的员工。假设你的商业模式是一匹赛马，那么员工就是赛马骑师。成功者和失败者的区别通常不在于马，而在于骑马的人。企业家们通常会犯的一个错误是，不断填补职位的空缺以保证公司能持续运作来进行他们认为更重要的任务。雇佣员工不只是创业者待办列表里的一项任务，而是公司的命脉，所以应慎重对待。

（6）未能解雇不合格的员工。所有第一次创业的企业家和经理都雇佣过不理想的员工。双方带着最好的意愿来交易合作，但由于各种原因失败了。你需要思考一下问题：你会让不合格的员工来使你的公司日益衰败，带坏其他员工，并且影响士气，制造无数麻烦吗？你会直接解雇他们吗？

（7）忽视你的内心。在做关键的决定时，经过长期训练并听从内心的创业者，会创造巨大的社会财富。例如马克·扎克伯格（Facebook 创办人），直觉告诉他，学生们在校园里会喜欢彼此之间能够无缝联系的服务，并且他对每一样产品做出的决定，从网上供给到照片标签，都来源于内心的决策。如果你的直觉告诉你，一个有潜力的被雇佣者不适合你的道德观和价值观，就别雇佣他。如果你的直觉告诉你，你的产品将不再吸引任何一位顾客，更不用说大规模的交易了。

4

第四章　创 业 资 源

整合创业资源，对大学生创业者来说是一个难题，是一个挑战，同样也是一种磨炼。理解创业资源，通过对创业过程中的资源需求做出分析，找到获取资源的合理方法，认识创业融资渠道和风险，掌握好创业资源管理的技巧和策略，都是大学生创业者一定要认真对待的问题。

第一节 创业资源概述

一、创业资源的概念

《辞源》关于资源的解释："资财的来源，一般指天然的财源"，即生产资料和生活资料的天然来源。

狭义的创业资源是与创业直接有关的资源，包括有形资源，如厂房、设备等，还有无形资源，如品牌、声誉等。林强和林篙曾对创业资源给出了学术定义。他们认为，创业资源是企业创立以及成长过程中所需要的各种生产要素和支撑条件。也就是说，创业资源还包括狭义资源载体的资源网络，如家庭、产业群、供销商、顾客、员工、企业家、银行、风险投资者、政府等。创业本身也是一种资源的重新整合。简单地说，"创业资源"就是创业者所需具备的一些创业条件。广义的创业资源就是那些已经显现的和现在尚未显现、潜在的但是在将来可能会为创业者所利用的一切资源。

二、创业资源的作用

创业资源对创业成长具有重要的支持作用。在创业过程中，创业者的工作重点应当放在如何有效地吸收更多的创业资源并且进一步整合到企业的竞争优势上。

1. 技术和人力资源是决定资源

技术资源是决定新企业产品的市场竞争力和获利能力的决定性因素。人力资源包括创业者及其团队的特长、知识和激情，以及创业者及其团队拥有的能力、经验、意识、社会关系、市场信息等。创业团队自身的人力资源为创业时期中最为关键的因素。创业者及其团队的洞察力、知识、能力、经验及社会关系影响到整个创业过程的开始与成功。

同时，在创业时期，专门的知识技能往往掌握在创业者等少数人手中，因而此时的技术资源在事实上和人力资源紧密结合，并且上述两种资源可能成为新企业竞争优势的重要来源。

2. 财务资源是根本资源

新企业要想正常运行，最根本的保证是财务资源。新企业的经营活动，从原材料采购、运输、组织生产加工到产成品销售等各项活动能否顺利进行，取决于各个环节的资金保证。在创业初期，创业者一般没有太多的资金，而且新企业在初创期需要购置相对较多的资产，所以一些新企业常常会出现资金短缺现象进而制约企业成长，而合理的财务资源管理为新企业解决了资金后顾之忧。

3. 信息资源是重要资源

新企业要想在复杂多变的社会经济环境中生存和发展，就必须有准确、真实、便利的信息做保障。尤其在创业的早期阶段，信息对创业者来说更为重要。特别是对于计算机、通信和网络等高科技企业来说，良好的信息资源能为新企业提供快捷、便利、全面的技术信息、创新信息、市场信息等，使新企业在激烈的市场竞争中得到快速的发展。

当然，新企业要想茁壮成长，除了运用好以上几种资源外，也必须对政策资源、市场资源、经营管理资源等其他创业资源统筹运用。

三、创业资源的种类

（一）直接资源和间接资源

按照资源要素对企业战略规划过程的参与程度，创业资源可分为间接资源和直接资源。财务资源、管理资源、人才资源、市场资源是直接参与企业战略规划的资源要素，可以把它们定义为直接资源；政策资源、信息资源、科技资源这三类资源要素对创业成长的影响更多的是提供便利和支持，而非直接参与创业战略的制定和执行，因此，对于创业战略的规划是一种间接作用，可以把它们定义为间接资源。根据上述分析，创业资源的概念模型如图4-1所示。

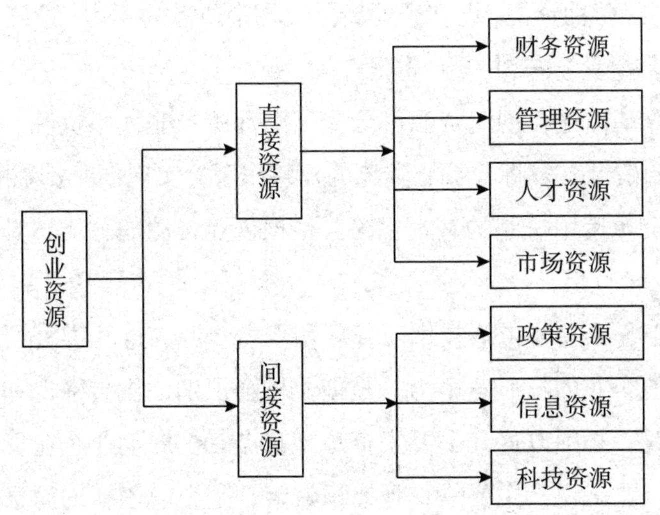

图 4-1 创业资源的概念模型

（二）人力和技术资源、财务资源、生产经营性资源

从巴尼（Barney）的分类出发，创业时期的资源就其重要性来说，分别有以下细分：组织资源、人力资源、物质资源。由于企业新创，组织资源无疑是三类中较为薄弱的部分；而人力资源为创业时期中最为关键的因素，创业者及其团队的洞察力、知识、能力、经验及社会关系影响到整个创业过程的开始与成功；同时，在企业新创时期，专门的知识技能往往掌握在创业者等少数人手中，因而此时的技术资源在事实上和人力资源紧密结合，并且两种资源可能成为企业竞争优势的重要来源。在物质资源中，创业时期的资源最初主要为财务资源和少量的厂房、设备等。从而，细分后的创业资源经过

重新归纳，主要为以下几种：

（1）人力和技术资源，包括创业者及其团队的能力、经验、社会关系及其掌握的关键技术等。

（2）财务资源，即以货币形式存在的资源。

（3）生产经营性资源，即在企业新创过程中所需的厂房、设施、原材料等。

（三）核心资源与非核心资源

根据资源基础论，创业资源可分为核心资源与非核心资源。识别核心资源，立足核心资源，发挥非核心资源的辐射作用，实现创业资源的最优组合，这就是创业资源运用机制的基本思路。根据创业资源的分类，具体可做如下解释：

（1）核心资源主要包括技术、管理和人力资源。这几类资源涉及创业企业有别于其他企业的核心竞争力，是创业机会识别、机会筛选和机会运用几大阶段的主线。必须以这几类要素资源为基点，扩展创业企业发展外延。人力资源对于企业来说，主要是一种知识财富，是企业创新的源泉。高素质人才的获取和开发是现代企业可持续发展的关键。管理资源又可理解为创业者资源。创业者的自身素质对创业企业的成长有至关重要的作用。创业者的个性、对机遇的识别和把握、对其他资源的整合能力，都直接影响创业成败。科技资源是一种积极的机会资源。对于新创企业来说，主动引进和寻找有商业价值的科技成果，是企业的立身之本和市场竞争之源。

（2）非核心资源主要包括奖金、场地和环境资源。如何有效地吸收资金资源，并保持稳定的资金周转率，实现预期盈利目标，是创业成功与否的瓶颈课题。场地资源是指高科技企业用于研发、生产、经营的场所。良好的场地资源能够为企业大幅度降低运营成本，提供便利的生产经营环境，在短期内累积较多的顾客或质优价廉的供应商。而环境资源作为一种外围资源，影响着创业企业发展。例如，信息资源可以提供给创业者优厚的场地资金、管理团队等关键资源，文化资源可以促进管理资源的持续发展。

（四）自有资源和外部资源

自有资源来自内部机会积累，是创业者自身所拥有的可用于创业的资源。例如，创业者自身拥有的可用于创业的自有资金、自己拥有的技术、自己所获得的创业机会信息、自建的营销网络、控制的物质资源或管理才能等，甚至有时候，创业者所发现的创业机会就是其所拥有的唯一创业资源。

外部资源可以包括如朋友、亲戚、商务伙伴或其他投资者、投资人的资金，或者包括借到的人、空间、设备或其他原材料（有时是由客户或供应商免费或廉价提供的），或通过提供未来服务、机会等换取到的，有些还可能是社会团体或政府资助的管理帮助计划。外部资源更多来自外部机会的发现，而外部机会的发现在创业初期起着决定性作用。创业者在创业初期面临的一个重要问题即资源不足和资源供给。一方面，企业的创新和成长必须消耗大量资源；另一方面，企业自身还很弱小，无法实现资源的自我积累和增值。所以，企业只有识别机会，从外部获取充足的创业资源，才能实现快速成长。这也是创业资源有别于一般企业资源的独特之处。对创业者来说，运用外部资源是一种非常重要的方法，在企业的创立和早期成长阶段尤其如此。其中，关键是具有资源的使用权并能控制或影响资源部署。

自有资源的拥有状况将在很大程度上影响甚至决定企业获取外部资源的结果。“打铁还要墩硬”，立志创业者首先应致力于扩大、提升自有资源。自有资源的拥有状况（特别是技术和人力资源）可以帮助创业者获得并运用外部资源。

◎**阅读案例**

评价自己的资源

据权威部门统计，私人创业的真正成功率还不到15%，其中60%是处于不盈利、不亏本的消耗人生、磨炼自己的状态，有25%是彻底做不下去宣告失败。每一个创业者都怀抱着创业成功的梦想在这条荆棘满布的道路上奋斗。针对如何让自己的创业之路更为顺利这一问题，专家指出，寻求和获取技术、人际、资金等资源是创业成功的起点和关键。要判定自己已有的资源是否充足，就必须以一定标准来衡量。以下是专业机构对创业资源的评分标准。

1. 自己的知识圈子（20分，以所在的圈子专家级别标准为100分折算）

一些大学教授、培训教师、记者、演员、作家，他们绝大部分是从自己的知识圈子走向创业成功的。成龙、周星驰等人是从自己大半生的演艺生涯成功步入导演的创业道路。有一些大学教授、培训师是根据自己在专业知识领域的地位和影响力成功地走向职业培训的创业道路。陈安之就是个很好的例子。类似的创业成功的案例还有很多，当然也有很多人的创业走向失败。

2. 自己的技术圈子（30分，以所在的圈子专家级别标准为100分折算）

在中国20世纪90年代初，国家开始大力鼓励个人创业，一大批专业技术人员从稳定的技术岗位走向了创业的道路，尤其在沿海一带，这样的例子更是不胜枚举。一时间，很多建筑人才创办起装潢公司、建筑设计公司，律师创办起律师事务所，财务人员创办起会计师事务所，服装师开起服装店，厨师开起餐饮店，甚至一些下岗工人由于做保姆积累了经验，也开办起家政公司。这就是创业的技术圈子。一般新型的技术人员创业成功率比较高，并且技术越是普及，创业的成功率就越低。在20世纪90年代初，开办广告公司的基本个个成功，因为那时候广告业刚刚兴起，而市场的需求远远高于市场的供应。而现在步入广告行业创业的新企业成功率还不到20%，类似的行业还有房地产行业、建筑行业、网络行业、餐饮行业、服装行业、职业中介行业等。所以在这些热门行业有一技之长的朋友若计划创业就需要认真考量一下自己的其他圈子，只有在几个圈子拥有多元化的优势才能有成功的创业机会。

3．自己的人际圈子（30分，以可利用关系80人为100分折算）

在这类圈子里的人创业成功率一般比较高，而且比较轻松。据统计，能快速取得成功的人绝大部分都是属于这类圈子。有很多人利用自己的家族资源、背景关系等优势创业成功。

4．自己的经济圈子（20分，以创业所处的行业及拟定规模的最大需要投资款数为100分折算）

没钱的人用身体和脑子赚钱，有钱的人用钱赚钱。要做一名成功的商人一定要学会用钱赚钱。其实这个圈子创业成功率也是非常高的，但是走向商业的却不是很多。很多人在创业问题上把这个圈子作为附属条件，总是捆绑在其他圈子上，重点依附于其他的圈子创业，结果导致失败的情况比比皆是。

很多人就是利用自己的经济优势并通过各种投资渠道如股票、资金、国债、高利贷、黄金、房产等，把握住正确投资信息而发家致富。笔者在多年的研究分析中发现，利用自己的资金投放成功的方式基本上有两种。第一种是自己创业，自然成功胜算很高。这种创业者一定要把握好一个投资比例，就是自己其他圈子的能力与你投入资金的比例是否吻合。第二种就是利用自己的资金优势参与金融投资，让理财行家帮助理财投资，或者嫁接于别人的投资事业从事融资投资。现在有很多风险投资公司，甚至风险投资个人都获得了成功。

四、创业资源获取的途径和技能

创业资源的获取是创业资源整合不可或缺的重要环节，获取创业资源是任何新企业在发展过程中都不可忽视的一个关键环节。创业资源获取主要是根据创业资源识别的结果，来获取新企业所需的资源。

（一）创业资源获取影响因素

1. 创业者才能

如何获取资源、获取何种资源以及能否获取资源，在企业初创期有着关键的作用。创业者的管理才能在此过程中扮演着重要的角色。

2. 创业者的先前工作经验

先前工作经验分为创业经验和行业经验两大类。

创业经验是指创业者在先前创建过的组织中，所获得的感性和理性的观念、知识和技能等。它提供了诸如机会识别与评估、资源获取和公司组织化等方面的信息。

行业经验是指创业者在某行业中的先前工作经历，它提供了有关行业规范和规则、供应商和客户网络以及雇用惯例等信息。创业者的创业经验和行业经验将有利于新企业人力资源、资金资源、技术资源等创业资源的获取。

3. 集聚经济效应

集聚经济对新企业的作用在于其能够使创业者更容易获取资源。在现有企业集聚区域创业，是因为已经集聚的领先企业对新企业具有孵化作用。一方面，从要素市场看，集聚经济能够提供更丰富的创业资源；另一方面，许多创业者曾经是集群中企业的员工，这些员工的行业经验及与集群中的企业和机构之间的网络关系，使其更容易接近资源所有者并说服其提供创业资源。

4. 社会网络

社会网络对于创业资源获取具有重要意义。这是因为社会网络是隐性知识传播的重要渠道，它能通过促进信息（包括技能、特定的方法或生产工艺等）的快速传递而协助组织学习，同时还可以大大降低新企业的交易成本，帮助获取与新企业需求相匹配的资源。由于新企业的实力和声望等方面都显得较为薄弱，很难通过传统的市场关系获取自身所需要的资源，因此，新企业通常会利用创业者自身的社会关系网络获取所需的相关资源，用以弥补通过市场关系获取资源的不足。

5. 信息

信息是指新企业所获取的有关资源所有者的显性和隐性信息。显性信息包括资源所有者的基本信息和资源的基本信息；隐性信息通常以经验和技能的形式存在，对新企业的资源积累和资源整合具有重要作用。

（二）创业资源获取的途径

新创企业需要获得起步项目依赖的技术。其获取途径主要有：技术持有者自己创业；吸引技术持有者加入创业团队；购买他人的成熟技术并进行技术市场寿命分析；购买他人的前景性技术，再通过后续的完善开发，使之达到商业化要求。

1. 技术持有者自己创业

尤其在高新技术领域，最常见的是技术持有者自己创业。美国的戴尔公司，中国的四通集团、联想集团、方正集团等，都是技术持有者自己创业的典型例子。一般情况下，技术持有者自己创业具有较高的成功概率，但需要组建一支囊括各类管理人才并且团结一致的创业团队。

2. 吸引技术持有者加入创业团队

在一些情况下，不少创业者并不掌握创业需要的技术。这时，创业者就需要吸引技术持有者加入自己的创业团队。作为近年学生创业典型的视美乐科技发展有限公司即是一例。王科是有经营头脑和管理才能的高智商才子，有着强烈的创业意识。当他意识到邱虹云研发的技术具有良好的市场前景时，即邀请邱虹云一起创业，随后又邀请其他志同道合者加盟。这里，邱虹云和其他成员的加盟，是视美乐得以起步的重要因素。

3. 购买他人的成熟技术

前面讲过，在高新技术创业中，采用的技术最好是成熟的。采用的技术越成熟，则创业成功的概率越大。一些军工企业解密成熟的军用技术，迅速开拓民品生产新业务，占领新市场，即这方面的典型例证。当然，购买他人的成熟技术，需要进行深入、详尽的技术甄别，进行技术的市场寿命分析，防止购买的是落后技术，进而避免进入一个已经拥挤的产品市场。

4. 购买他人的前景性技术

所谓前景性技术，即具有市场前景的技术。在激烈的市场竞争中，购买他人的前景性技术，进行后续的完善开发，使其达到商业化的程度，进而推出市场需要的产品，这也是购买他人技术而创业的可行之路。当然，借助这一模式来创业，要求创业者具有优异的技术辨识能力，能够把握新技术的发展方向和市场前景，同时有能力进行后续的研究开发。例如，不少企业从高校院所购买技术，目的在于拓展自己的新业务、新事业，它们得到的往往就是前景性技术。但企业通过进一步的研究开发，推出了极有市场竞争力的产品，这不能不说是成功的范例。正是基于这类成功的示范作用，目前已有一些个人加入了通过购买他人的前景性技术来进行创业的行列。

5. 同时购买技术和技术持有者

在某种意义上，这是购买他人技术进而创业的最佳路径。因为技术最终是由人掌握的，在购买技术的同时，“购买”掌握技术的人，无疑有助于创业者迅速消化、理解、完善和使用所购买的技术。例如，我国台湾的工业研究院，就是这样输出自己的技术成果和技术人员，以推动当地的高新技术创业的。其一般做法是，当某个企业欲发展新业务、拓展新事业，或者是某个创业者欲创办新企业时，只要对方给研究院一定的补偿，在科技人员自愿成为创业团队成员的前提下，该研究院即同时向外“出售”技术成果和技术人员。

（二）创业所需信息的获取途径

技术、市场、政策等信息是创业者必须获得的创业资源。一般而言，获取这些信息的主要来源或途径有以下七种：

1. 政府机构

政府机构往往是信息的集散地，掌握着大量技术、经济与政策信息，同时也在制造大量政策信息，某些政府机构甚至还垄断着某些信息。因此，随时关注政府机构发布、集散的信息，无疑有助于创业者的创业决策和新创企业的运营管理。一般情况下，收集与自己创业活动有关的政府出版物，参与政府机构召集的有关会议、主持的有关活动，就可能得到需要的某些信息。

2. 同行创业者或同行企业

在市场经济中，同行经济行为主体既是竞争者，又有着互为存亡的关系。同行得到的信息往往对创业者是十分有益的。当然，由于同行之间的竞争关系，某些同行会限制某些信息的外泄，或制造虚假信息，以误导同行创业者，这是获取他人信息时必须注意的问题。特别值得指出的是，收集同行企业的活动信息，对于创业者更为重要。对同行行为的了解和把握，无疑有助于创业者把握同行之间的竞争态势，判断自己的优劣长短，进而正确地调整、决定自己的行为策略。一般情况下，积极参与同行创业者或同行企业举办的各类活动，加强与对方成员的感情沟通，收集有关它们公开的、非公开的文字材料，就可能得到有关信息。

3. 专业信息机构

目前社会上存在很多专业信息机构，它们掌握着大量与创业相关的技术、经济、市场和政策信息。这些专业信息机构通常可分为两类：一类是综合性信息机构，集散着技术、经济、市场、政策各方面信息，如中国科技信息研究所、国家信息中心等；另一类是领域性信息机构，集散着某一领域、行业的信息，如各行业部门的信息中心、专业性咨询机构等。创业者需要从自己创业活动的需要出发，对所需要的信息进行领域细分类，然后从相关信息机构检索，获取自己需要的信息。

4. 研究开发机构

客观地看，专业研究开发机构掌握着大量科技信息。专业科研机构大致可以分为四类：①基础性科研机构，制造和掌握着相关领域的科学进展信息；②开发性科研机构，制造和掌握着相关领域的技术进展信息；③商品性科研机构，制造和掌握着相关领域的商品开发信息；④公共服务性科研机构，制造和掌握着相关领域的技术标准、技术进展信息。创业者同样可以从自己的创业活动出发，对所需要的科技信息进行专业领域细分类，在尊重对方知识产权的前提下，从相关科技机构获取自己需要的专业信息。

5. 新闻媒体

新闻媒体，如报纸、杂志、电视、广播等，也是重要的创业信息来源。

它们每天都在集散并快速传播着各个领域的科技、经济、市场和政策信息。创业者只要留心观察，同样可以从自己的创业活动出发，获取自己需要的相关信息。但需注意的是，新闻媒体，特别是广播电视媒体，其所提供的信息多数是“线索性的”。创业者需要紧抓线索，顺藤摸瓜，寻找“初始信息源”，进一步获取详尽的信息。

6. 会议

各类会议，特别是专业性会议，也是重要的创业信息来源。例如，政府机构、行业协会、企业联盟、科研机构、信息机构、媒体机构等举办的信息发布会、研讨会、展览会等。参加各类会议，创业者往往可以面对面、交互式地获取需要的信息。特别是通过与对方的交流、探讨，创业者可以引导对方为自己现场“生产”信息，甚至可以通过交朋友，为自己培育未来稳定的信息来源。

7. 公众信息网

随着知识经济时代的到来和信息技术的飞速发展，以及全球经济一体化的加剧，信息传输的途径已经越来越依赖于电信网络方式，尤其是计算机互联网络。计算机信息网络具有三大特点，即网络化、国际化、公众化。借助这样的信息网络和工具软件的查询功能，创业者可以迅速检索到大量的特需信息。根据对一些企业的调查，由于网上检索和查询有很多优势，企业上网后较之前在检索和与对方联系以及获取详细资料等方面所用时间都有所缩短，而获取的信息量却大大增加，但在筛选有用信息上花费的时间也大大增加。例如，上网后，企业获取国内技术资料的时间可从三个月缩短到一个星期左右，获取国外技术资料的时间可从一年内缩短到一个月以内。由此不难看到，创业者确实可以借助网络收集信息。但需注意的是，网上的信息往往是庞杂的，个别信息甚至是以讹传讹，需要创业者去粗取精、甄别真伪。

（三）营销网络的建设

企业的产品要走向市场，进入用户之家，换回用户的“货币选票”，要求企业拥有可靠的营销网络。新创企业从零起步，更需逐步建设和完善自己的营销网络。一般情况下，新创企业可以通过以下三种途径拥有未来的营销网络：

1. 自建

自建即从头起步，自己建设自己的营销网络。这往往要求创业者投入必要的人力、财力、物力，并在建设中学习，逐步完善、提升自己的营销网络体系。对于缺乏营销经验的创业者来讲，这无疑是一项挑战。

2. 借用

借用即借用他人已有的营销网络，借助公共流通渠道。前者（借用他人已有的营销网络）可以为创业者节约大量的网络建设费用，免去新创企业起步阶段的营销困难。但是，假若你的产品会变为畅销产品，也可能为代销企业提供创新思路。一旦对方模仿你的产品，你极可能在竞争中败北。后者（借助公共流通渠道）虽也有前面的好处，但公共流通渠道往往缺少专业营销经验和耐心，也可能使你潜在的畅销产品恶化为滞销产品。

3. 自建与借用结合

自建与借用结合即将前两种办法结合起来，扬其长、避其短。一种理性的做法是，在创业初期，以借用他人的营销网络为主；待新创企业发展到一定程度，以建设自己的营销网络为主。另外，无论是自建、借用还是两者结合，都需要考虑不同行业产品经营要求的营销网络的差异，使得营销网络更适应新创企业产品营销的客观要求。

（三）创业资源获取的技能

创业资源获取过程中，采用适当的技能可使得资源获取事半功倍。获取创业资源最主要的原则是盘活、用好、用足企业的现有资源，四两拨千斤，以有限的内部资源，撬动尽可能多的外部资源。具体技能包括以下两个方面：

（1）多用无形资源。企业初创期间，有形资源比较匮乏，企业应该充分挖掘自身的无形资源，以此为杠杆，来撬动外界的有形资源。例如，创业可通过个人的专业洞察力和以往积累的社会资源，以及对未来的美好设想与承诺，来打动外部投资者，邀其入股，来换取上游供应商的代理权和信用融资，来换取员工对工作的投入等。

（2）多用合作换取资源。新创企业资源紧缺，但可通过广泛的合作，通过对未来计划美好的利益预期来换取合作，获取实实在在的资源。例如，通过连锁加盟，降低经营风险，直接获得品牌与客户资源；通过共同开发，分摊开发成本，降低开发风险，获得技术资源，更快、更稳妥地实现企业的发展。

五、创业资源利用

新企业有了资源还远远不够，资源不会自动转化为竞争优势，还需要新企业运用自身的资源整合能力，将不同来源、不同类型、不同效用的创业资源科学合理地利用，才能形成新企业的核心竞争力。

（一）创业资源利用的影响因素

新企业如果不能有效配置所拥有的创业资源，价值创造就不可能实现，资源转化后形成的能力只有满足市场需求，才能实现利润回报。对新企业来说，资源是稀缺的，而新企业若要生存、发展下去，只有拥有匹配当前竞争优势的能力，才能利用创业机会创造价值。新企业在匹配内外部能力的过程中，通过创业资源利用来形成竞争者难于观察和模仿的能力配置结构。

风险偏好是影响新企业资源利用的关键影响因素。资源和能力的转换过程受外部环境的强烈影响。创业者对风险的态度会影响其行为，风险承担性会影响企业实现资源向能力转化的方式选择。在不确定的情况下，具有较强风险偏好的创业者可能会选择具有较高产出潜力的产品或服务，但需承担较高风险；而具有较低风险承担性的创业者则可能会选择承担较低风险。在能力匹配过程中，风险承担会影响匹配机制的选择。在能力配置结构实施的过程中，风险承担性强的新企业有制定风险较大，但可能带来较高绩效战略的趋向；而风险承担性弱的新企业则与之相反。

超前行动是影响新企业资源利用的另一个因素。超前行动主要指新企业通过先动行为对外部环境产生积极的影响，从而引导市场变化，创造市场需求。在资源向能力转化的过程中，超前行动会影响新企业进行资源利用的相对时间，有许多新企业是由于发现一个新的市场机会而创立的，其利用创业资源的行动一般在行业中是超前的，会对环境和市场产生一定影响。

另外，创业者自身的素质也是影响资源利用的重要因素，包括创业者的受教育程度、行业认知度、社会声誉、社会关系网络和社会阅历等。创业者自身的经历和历史经验都会影响创业者利用资源的选择。从先前创业经验中转移来的知识能够提高创业者有效识别和处理创业机会的能力，有助于发现、汲取、利用创业资源。创业者对拥有和掌握的资源越是了解，他就会掌握更多的资源利用方式，从而可选择最优的使用方式。同样，创业者的社会关系网络越丰富，他就会拥有更多的资源利用渠道，从而可选择最优的使用对象。

（二）创业资源利用的途径和过程

创业资源识别和利用是创业资源有效整合的开始和结束，识别有价值的创业资源有助于创业者在创业过程中利用资源，正确选择资源利用途径，使资源使用达到最优化。在创业过程中，创业者不但要能识别所需的各种不同效用的创业资源，还需知道如何对资源进行整合，整合过程包括匹配以及合理利用等。资源整合是一个复杂的动态过程，是指企业对不同来源、不同层次、不同结构、不同内容的资源进行选择、汲取、配置、激活及有机融合，使之更具柔性、条理性、系统性和价值性，并对其原有的资源体系进行重构，摒弃无价值的资源，以形成新的核心资源体系。新企业识别、获取、开发资源最终的目的是更好地利用资源，发挥资源“1+1>2”的增值效应。充分合理地利用资源，能够帮助新企业快速地建立竞争优势，制定切实可行的战略规划，为新企业的成长打下良好的基础。

第二节　创 业 融 资

创业离不开资金，创业者要使企业成立并能够运营，融资是不可回避的问题。企业需要多少资金？何时需要？这些资金能撑多久？从何处、向谁筹集资金？这个过程应该怎样编排、怎样管理？这些问题对于企业的任一发展阶段，对于任何一个创业者来说，都是至关重要的。

一、创业融资分析

所谓创业融资，是指创业者根据其创业计划，通过不同的融资渠道，并运用一定的融资方式，经济有效地筹集所需资金的财务活动。创业离不开资金，创业者要使企业成立并能够走向正常经营，最重要的一步就是筹集到所需资金。

（一）创业融资的必要性

企业最初创建需要获得初始资本，随后开展的经营活动需要运营资本，资本是企业创建和生存发展的一个必要条件，从最初建立到生存发展的整个过程都需要融资。创业融资是创业企业在新创、运营过程中，适时、有效地获取所需资金的过程。

多数企业在创业初期需要筹集资本，主要是基于资本投入、启动资金、现金流和漫长的产品研发期的考虑。企业在早期需要购买资产、建造建筑物、购置机器设备等固定资产或者投资于其他资本项目，这需要大笔资本的投入。在接下来的运营过程中，企业研发、新产品或新服务的开发、日常经营以及扩大市场规模等也需要巨大的前期投资。

（二）创业融资难的影响因素

新企业融资困难的原因是多方面的，主要有企业自身原因以及外部融资环境因素。

1. 新企业自身的原因

（1）新企业缺乏足够的有形资产作担保。新企业的资产构成以无形资产为主，它包括企业独家拥有的专利（或专有）技术和以此为基础开发出来的技术产品、流程和服务以及创业人员的智力资本。相比之下，新企业的有形资产则较少，一般不能达到银行提供贷款的要求。

（2）新企业发展前景具有不确定性。新企业创建时间短、规模小、底子薄，不具备足够的资本强度，抗风险能力差而创业成功率低又是我国新企业的显著特征，这使得银行及创业投资机构对新企业的融资不得不采取更为谨慎的态度。

（3）新企业在起步阶段往往管理机制不够完善，创业者与投资者、债权人之间往往存在信息不对称的情况，投资者、债权人难以了解企业的真实情况，因而不会轻易投资。

（4）部分新企业对信用的培育不够重视。由于许多新企业为了自身的生存发展，对所借款项采取能拖就拖，甚至贷款不还的方式来维持企业的正常运营，而这种行为降低了企业在银行的信用度，给企业日后的融资造成了障碍。

2. 融资市场不规范、政策法规不健全

我国金融市场的发育还不够完善，虽然早在2002年就已经出台了《中华人民共和国中小企业促进法》，但在促进新企业融资的同时却存在着信用定价机制缺乏，对债权人权利的保护不尽如人意，融资担保行业法律法规不健全，以及创业投资的退出机制缺乏等问题。这就亟须政府加快相关法律的出台，完善我国新企业融资的相关法律、法规体系。

3. 融资渠道不畅、融资结构不够合理

虽然我国有政府的政策支持、银行贷款、创业基金、创业投资、创业板市场等融资渠道，但有些融资渠道在我国的发展并不成熟。

（1）创业投资作用有限。我国创业投资起步晚，发展时间较短，数量较少，发挥的功能还很有限，再者创业投资注重的是短期行为，追求的是高利润，而新企业难以满足其要求，所以很多创业投资商并不热衷于投资新企业。

（2）民间资本的利用率低。我国民间财富巨大，但多数都作为存款存在银行，只有较少的一部分作为个人投资流入资本市场。

（3）由于新企业一般不能提供银行贷款所需的抵押担保物，因此难以获得银行贷款。

（4）创业板市场推出时间较短，入市的门槛高也使得新企业难以通过创业板发行股票融资。

二、创业资金预测

初创企业时能确切知道需要多少资金很重要：一方面，融资需要成本，资金不足会影响生产经营和投资活动的正常进行，资金过剩则会影响使用效果，增加融资成本，增大财务风险。企业不希望陷于资金短缺，但也不想为不需要的资本付费。另一方面，在与潜在的贷款或者投资者商谈时，对自己企业所需资金量的不确定，会给对方留下准备不充分的印象，投资者对于投资风险的考虑，会影响投资决策的制定。

（一）创业所需资金的前置要求

1. 千万不要低估项目的潜伏期

再好的经营项目也不会马上就有利润收入。任何创业项目从启动到盈利，都需要一个潜伏期，这个潜伏期的长短，与行业和企业规模有关。和人一样，企业也有生命周期。正所谓“播种有时，开花有时，结果有时”，产业在不同的阶段有不同的特征。所以，在创业初期，你的启动资金就是你创业最初投资的主要资金。在创业者的创业过程中，妥善处理好企业的财务问题是至关重要的一步。

一般创业者都会低估这个潜伏期的时间，你必须做好思想准备，开始时有可能好几个月都没有收入，开销却很大，有时货款也不能马上回笼，因此，必须提前做出预算和储备。

2. 不要把眼光只瞄准基金和银行贷款

许多年轻创业者在确定了创业项目以后，不去寻找其他融资方式，不去研究市场需求，不去考虑如何白手起家从小做起，而是一开始就只想到融资，把创业基金和银行贷款作为第一融资目标。

3. 设计合理的资金组合有利于降低经营风险

在创业启动资金的组合上，创业指导专家建议最好有一个合理的资金组合比例。例如，你可以用的最高资金金额中有 1/3 是你的自有资金，外来资金最好不要超过 2/3 的份额。研究创业成败案例结论表明：如果你的自有资金不足 1/3 时，你和银行的资金风险都会加大。

4. 尽量多地留好储备金

你必须对从开业到盈利阶段的资金储备做足够的预算与储备。那么首先把资金看成个人和外来资金各占 1/2 进行估算比较稳妥。因为这个时期的储备金到底需要多少，只不过是一个难以确定的数字，但毋庸置疑的是，资金断流会引发经营不下去继而导致创业失败。

一般需要把企业没有收入的时间按 3 个月（或者更长）来计算，所以，储备金应不低于 3 个月的固定成本总和。

在现实中创业者租房时，房租一般的支付方法是押一付三，就是押一个月房租，同时预付 3 个月，先付后用，即一次性需要支付 4 个月的房租。除了合理规划支出外，你必须始终保证储备金的充足，这意味着，你账面上始终要有足够的盈余，以防出现支付危机。

（二）创业企业启动资金的测算

确定了企业战略和财务战略，便可在此基础上确立企业财务需求。不同类型企业在经营过程中的营运资本、投资和费用所需资本有较大的差异，大体可以通过预编财务报表、现金流量表进行盈亏平衡分析，来预测资本的需求。

这里主要介绍普通创业企业启动资金的内容。为了保证企业在启动阶段业务运转顺利，在业务经营达到收支平衡之前，创业者需要准备足够的资金以备支付各种费用，这些费用叫作启动资金。专家建议新企业在启动阶段，至少要备足6个月的各种预期费用，公司投入运营之后，很难立即带来收入，创业者最好对所有可能发生的意外情况都有所准备，并测算其总费用。启动资金的类型、所包含的内容及明细如表4-1所示。

表4-1　创业企业启动资金

启动资金类型	包 含 内 容	明　细
固定资产	企业用地和建筑	
	设备	机器、工具、车辆、办公家具等
流动资金	购买并储存原材料和成品	购买原材料和商品存货
	促销	广告、有奖销售、上门推销、搞活动表演等
	工资	自己家庭的生活费用、员工的工资
	租金	办公场所、仓库等租金费用
	保险费用和其他费用	保险费、电费、水费、交通费、办公用品费

（续上表）

启动资金类型	包含内容	明细
开办费	办公费、验资费、装潢费、注册费、培训费、技术转让费（买专利）、营业执照费、加盟费等	

（三）预估创业资金时应注意的问题

1. 要把不确定费用计算进去

在估算创业启动资金时，最后在固定资产和流动资产总和上，还要把总额乘以一个系数作为不确定费用，一般估算企业的不确定费用为 3% ～ 5%，建议创业者按 5% ～ 10% 计算即可。这个不确定的费用，是为了应对那些意料之外的支出的。

2. 信念和干劲比贷款更重要

真正的勇士，敢于直面人生的挑战。这个世界上白手起家的富豪很多，从小做大的企业家数不胜数。你必须清楚的是，政府的创业基金也是一种贷款，虽然条件很优惠，但终究是要还的。暂时的资金短缺，也许正是你奋力拼搏、争取客户的动力。

3. 找到保本销量

创业者开始创业后，一定要先学会计算盈亏的平衡点，必须对自己的经营状况做到心中有数，并在以后的经营活动中严格财务制度，做好经营情况的统计分析。

所谓保本销量，就是企业在不赔不赚的时候的销量。盈亏平衡时：月总利润 = 总成本。这时的营业额或者销量，就叫保本销量，这个数字也就是盈亏平衡点。

（四）区分毛利和纯利润

衡量企业盈利能力的指标是利润，计算公式为：

营业利润＝营业额－总成本＝营业额－（固定成本＋流动成本）

例如，某商店当日营业额为24000元，总成本为16000元，则利润为：纯利润=24000-16000=8000（元）。

毛利＝营业额－进货成本

这时的成本里不包括摊位费用和营业费用、固定资产折旧等，仅仅是指进价。

例如，小王在她的服装店里卖了一条裤子，销售收入150元，但这条裤子的进价为100元，则毛利为：150-100=50（元）。

值得注意的是，创业者必须有成本的概念。就是说，在毛利中，你还需要支出你的店铺房租、人工费、水电费以及固定资产的折旧等，之后才是你的纯利润。有时候还需要考虑沉没成本。沉没成本是指已经失去的收益或者付出的代价，不论你采取什么方式和方法，均不能挽回的损失。沉没成本与机会成本的不同在于它属于非相关成本，有时是间接的，有时是直接的。由于沉没成本很多时候是在事后发生的，因此有时无法在决策时将其考虑在内，如果在决策时就把沉没成本考虑在内，那么恐怕会造成商机错失或者决策失误。

（五）学会计算投资回收期

投资回收期的计算，可以帮助创业者明白他的所有投入都需要一定的时间才可以挣回来。也就是说不论创业启动资金的来源是亲情融资、个人积蓄、银行贷款还是基金扶持，都需要创业者用利润的积累，一点点来抵偿。因此，首期投资越大，导致回收期越长。这就是大多数企业都是从小做大的原因之一。

投资少，回收快，可以很快收到盈利的效果；投资大，回收慢，会有很长时间的经营都是为了收回投资。

投资回收期计算公式为：

投资回收期 = 投资总额 ÷ 月利润 = 可以回收的月份数

例如，某小企业总投资 18 万元，月盈利 8000 元，则投资回收期为：180000 ÷ 8000=22.5（月）。

三、创业融资渠道

据有关数据显示，85% 的初次创业者都是在资金不足的情况下走上创业之路的。资金不足并不表示就不可以创业，因为这个时代可以有很多途径获得资金。

（一）自我融资

创业者自我融资主要依赖自己的存款，这是新企业创建初期的一个重要的资金来源。研究者发现，70% 的创业者依靠自己的资金为新企业提供融资。即使具有高成长潜力的企业，在很大程度上都依赖创建者的存款提供最初的资金。如阿里巴巴最初的资金来源于马云和“十八罗汉”自己凑的 50 万元，蒙牛的创业资金来源于几个创始人卖掉股票凑的 100 多万元。

（二）天使投资

天使投资是指富有的个人直接对有发展前途的创业初期小企业进行权益资本投入，在体验创业乐趣的同时获得投资增值。天使投资是新创企业早期、面向成长时期的重要权益资金来源。天使投资者通常是以下两类人：一类是成功的创业者，他们主要是基于自己的经验提携后来者；另一类是企业的高管或者高等院校和科研机构的专业人员，他们拥有丰富的创业知识和洞察力，他们希望通过自己的资金和专业经验帮助那些正在创业的人们，体验创业激情和社会荣誉，延续他们的创业梦想、期望投资回报，所以称为天使投资。天使投资是风险投资的一种特殊形式。

目前，我国又设立了大学生创业“天使基金”，大学生开办企业可获得5万～100万元的支持，要求创业者自由资金与天使基金是1∶1的投入比例，天使基金以股份形式加入创业团队，因此，即使创业失败，也无须创业者承担赔偿。这个基金是专门为了激发大学生创业热情而设立的。

一般而论，一个公司从初创到稳定成长期，需要三轮投资。第一轮投资大多是以来自个人的天使投资作为公司的启动资金，第二轮投资往往会有风险投资机构进入，为产品的市场化注入资金，而最后一轮则基本是上市前的融资，来自于大型风险投资机构或私募基金。

◎阅读案例

精明投资的“天使”

很多美国大学教授并不富裕，因为从来没有大学全职教授能够仅靠自己教书匠的薪水成为亿万富翁，然而身为美国斯坦福大学计算机科学教授的切里顿却至少拥有高达13亿美元的丰厚身价。据悉，他在最近一期的福布斯全球富豪排行榜上名列第960位，当仁不让地被看成全世界最有钱的“全职大学教授”，尽管美国还有好几个挂着大学教授头衔的亿万富翁身价超过了切里顿，但他们大多充当着兼职教授或“客座教授”的角色，只是抽空偶尔到大学中给学生们上上课。

1. 投资多名大学生创业，利润回报丰厚

不可思议的是，切里顿并不是靠教书匠的薪水，而是靠对斯坦福大学寻求创业的学生们进行“精明投资”才奇迹般地创造了他的亿万身价。据悉，切里顿除了自己创办科技公司外，还慷慨借钱帮助那些自己十分看好的斯坦福大学学生进行创业，并对他们新创办的科技公司进行大胆投资，在过去十多年实践中，切里顿教授从自己口袋中至少掏出了5000万美元，大胆投资了17家由斯坦福大学毕业生或他的少数教授同事创办的科技公司，其中包括美国虚拟化软件开发商VMware公司和云计算设备公司阿里斯塔网络公司等，这些公司后来大多成为美国的科技新贵，也给切里顿带来了超过13亿美元的股权资产。

2. 教书之余自己也创业

切里顿教授的第一桶金来自于他和斯坦福大学的德国留学生博士安迪·贝赫托尔谢姆共同投资创办的花岗岩系统公司，该公司专门研究生产网络交换机产品，花岗岩系统公司在1996年被美国思科系统公司以2.2亿美元的价格收购，使切里顿顿时摇身变成一名亿万富翁。切里顿后来投资的另一家科技公司又被美国太阳微系统公司以1.2亿美元的价格收购，使切里顿教授的财富再次迅速增加。

3. 最具远见卓识的一次投资

在切里顿的所有“精明投资”中，最具远见卓识的一次投资当数在1998年给两名斯坦福大学博士生拉里·佩奇和谢尔盖·布林签了一张10万美元的支票了，佩奇和布林随后拿这笔钱创办了著名的谷歌公司，切里顿当年10万美元的“微薄投资”，如今已使他拥有了超过10亿美元的谷歌股份，14年的投资收益高达1万倍。

据悉，当年佩奇和布林希望创建尚处萌芽阶段的谷歌搜索引擎公司，囊中羞涩的他们四处募集创业资金，尽管切里顿教授不是他们的导师，但身为斯坦福大学博士生的佩奇和布林仍在1998年8月来到切里顿教授的家，希望他能成为谷歌公司的投资人。

当切里顿教授和陪同佩奇、布林两人来到他家“募资”的德国留学生博士贝托尔谢姆仔细聆听了佩奇、布林两人对他们的搜索引擎算法的介绍后，立即就领会到了这个搜索引擎的精妙之处，于是切里顿教授慷慨地向他们投资了10万美元。然而当时，美国雅虎公司和Excite公司都将谷歌开发的算法拒之门外，拒绝对谷歌进行投资，也因此错过了极好的发展机会。

1998年9月4日，佩奇和布林拿着从切里顿教授和他的合伙人兼好友贝赫托尔谢姆那里募集来的资金正式创办了谷歌公司。

（三）商业银行贷款

商业银行贷款是中小企业最普遍尝试的融资渠道，但成功率非常低，中小企业从银行获得的贷款不足银行系统贷款总量的10%，主要是因为中小企业经营状况的高风险性与银行业的审慎原则显著冲突，银行在贷款过程中过于注重抵押物，因此不论发达国家还是发展中国家，中小企业从金融机构贷款数量均受到很大限制。尽管如此，仍有众多中小企业乐此不疲。但当企业发展到一定阶段，具有一定的信誉、资产或其他担保时，商业银行贷款也成为创业资金的主要来源。

（四）担保机构融资

新创企业融资难的一个重要问题就是信用不足。为着眼于解决中小企业融资难，我国从1993年开始设立专业性担保公司，担保公司由此作为一个独立行业出现。担保公司通过放大财务报告不规范且尚未成长起来的小企业的信用，达到为小企业增信的目的，从而解决中小企业融资难题。融资性担保机构，对中小微企业的帮扶作用日益增强，新创企业在没有固定资产等抵押物的前提下，凭借担保公司的信用担保，就能从银行贷到周转资金。同时，担保公司可以利用注册资本最高10倍的杠杆来进行融资性担保，可以为缺乏银行抵押物的中小企业分忧解愁，成为新创企业解决筹资难题的一大途径。

（五）政府创业扶持基金融资

近年来，国家大力倡导创新创业，各级政府出台了一系列相应的创业扶持政策，特别是针对大学生创业的扶持政策。从放宽市场准入条件、享受资金扶持政策、实行税收减免优惠、提供培训指导服务等方面对大学生创业给予了创业扶持，各地政府也相继出台了相关政策，采取了相关行动措施。

各省、市、自治区均有专门成立的大学生创业扶持基金，以及大学生创业大赛项目平台，除了提供奖金、大学生创业服务外，还为大学生提供创业信息、就业创业培训等。企业的注册、财务、税务、管理、运营等问题，均可以从中得到不同程度的解决。

四、创业融资的选择策略

结合创业发展阶段，选择合适的融资方式。

（一）种子期融资选择

不同发展阶段的创业企业具有不同的融资需求特征。在种子期，创业者需要投入大量资金开发新产品、新工艺，投入新设备等，而企业没有任何销售收入和盈利记录，风险巨大，风险承担能力有限，商业银行和公众化的证券市场不可能为此时期的创业企业提供资本，创业者自己或亲朋好友的资金资助、政府资助是种子期重点考虑的融资手段。除此之外，天使投资者也常为处于起步阶段的企业提供资金，因此，测算创业不同阶段的资金需求量，撰写好商业计划书，争取天使投资者的青睐，是初期阶段创业企业常见的融资准备。

（二）启动期融资选择

在启动创立期，企业产业处于开拓阶段，资金需求量大而急迫。由于企业成立历史短，业务记录有限，投资机构评估比较困难，传统投资机构和金融机构对其提供资金的难度大，担保机构、风险投资机构是其重要选择，可以进一步修改完善商业计划书，吸引包括天使投资在内的风险投资。

（三）成长期的融资选择

在成长期，企业销售量迅速增长，企业希望扩大生产线，实现规模效益，便需要大量外部资金的注入，由于此阶段有了一定的商誉和一定的抵押资产或担保，此时期的融资渠道相对比较通畅，视企业的具体情况可以考虑吸引风险投资等股权融资方式，也可选择银行贷款等债务融资方式。

（四）扩展期的融资选择

在企业的扩展期，企业在一定业绩的基础上迅速扩张，风险显著降低，进入稳步发展的轨道，融资需求规模进一步扩大。由于企业的市场前景已相对明朗，专门为创业企业融资服务的创业板市场能够也愿意提供支持，部分企业开始进入创业板市场，在公众市场上筹集进一步发展所需的资金。

（五）合理选择股权融资与债务融资

企业在特定的时期既需要债务融资又需要股权融资。大多数创业者一开始都采取股权融资来刺激增长，一旦企业自身的价值提高了，他们便转而寻求债务融资。一般情况下，在投资的早期阶段，负债比出让股权更便宜，但股本投资者愿意承担更大的风险，因此，股权融资在早期启动阶段是最好的选择，尤其是在研发以及产品开发阶段；它也适合后阶段的融资。例如，为了市场营销和加速发展而引进高资历的员工并使销售加速增长，通常企业会选择股权融资，而债务融资则较适用于资本营运及基础建设。

债务融资和股权融资到底如何影响企业的盈利能力和现金流呢？债务融资使企业家承担起偿还本金和利息的责任，而股权融资迫使企业家放弃部分所有权和控制权。

极端地说，创业者有两种选择：一是不放弃企业的所有权而背负债务；二是放弃部分所有权以避免借贷。在绝大多数情况下，债务融资和股权融资两者结合起来才是最合适的。许多新企业发现债务融资是必要的，短期借贷（1 年或者更短）通常是营运资金所要求的，并由销售收入或其他收入来偿还。长期借贷（1 ～ 5 年的贷款或者 5 年以上的长期贷款）主要用于购买产权或设备，并以购买的资产作为抵押品。表 4-2 展示了股权融资和债务融资各自的优点和缺点。

表 4-2 股权融资和债务融资的优点、缺点

股权融资		债务融资	
优点	缺点	优点	缺点
能提供大量的资金注入	通常仅可获得较大金额的资金	可根据你的要求借贷不同的金额	构成还债义务
无须支付利息	这意味着“卖掉”公司的一部分	只要偿付了，就不会影响你对公司的所有权	收取利息——影响获利能力
无偿付资金的义务	风险资金家期望他们的投资会有高回报（至少增长 25%）		一般要求有抵押品，而且银行会保守地看待你资产的价值
	投资者可能会要求你买下他们的股票		如果你是向朋友和亲人借钱，那么你的人际关系就会随着公司破产而被破坏

创业企业在融资过程中可以实施融资组合化，合理、有效的融资组合不但能够分散、转移风险，而且能够降低企业的融资成本和债务负担。另外，创业者要经常分析宏观经济形势、货币及财政政策等情况，及时了解国内外利率、汇率等金融市场的利息，预测影响融资的各种因素，以便寻求合适的融资机会，做出正确的融资决策。

5

第五章　创 业 计 划

创业计划对于创业者来说，就像是一块敲门砖，一份好的创业计划能够让大学生创业者事半功倍。如果创业之前，没有经过充分准备，就匆忙上阵，盲目行事，那么得到的结果很有可能是一败涂地。所以，大学生创业者需要认真对待，做好充分准备，制订一份有价值的创业计划。

刘先生的创业计划书

刘先生毕业于某著名大学，经过多年研究，他在建筑节能材料方面取得了一项重要突破，这项技术如果在实际中得到应用，将显著减少建筑物的能源消耗，应用前景会非常广阔。于是，刘先生辞去原有的工作，准备创业。

由于多年来的积蓄都用在了建筑节能材料的研究上，刘先生在东拼西凑之后注册了一家公司后，已经无力再招聘员工、购买实验材料了。无奈之下，刘先生想到了风险投资基金，希望通过引入合作伙伴的方式解决困境。为此，他多次与一些风险投资机构或个人投资者接洽商谈。虽然刘先生反复强调他的技术多么先进，应用前景多么广阔，并拍着胸脯保证投资他的公司回报绝对不错，但总是难以令对方相信，而且他对风险投资机构负责人问到的一些数据也没有办法提供，如：你的产品的市场需求量有多少？一年可以有多大的销售量？投资后年回报率有多高？就连他想招聘一些技术骨干也比较困难，这些人总是对公司的前景缺乏信心。

这时，曾在刘先生注册公司时帮助过他的一位做管理咨询的朋友的一句话点醒了他："你的那些技术有几个投资者搞得懂？你连一份像样的创业计划书都没有，怎么让别人相信你？"于是，在向有关专家请教咨询后，刘先生又查阅了大量资料，然后静下心来，从公司的经营宗旨、战略目标出发，对公司的技术、产品、市场销售、资金需求、财务指标、投资收益、投资者的退出等方面进行了论证和分析。在这个过程中，他做了大量的市场调研。一个月后，他拿出了一份创业计划书初稿，经过几位相关专家的指点，又再次进行了修改和完善。凭着这份创业计划书，刘先生不久就与一家风险投资公司达成了投资协议，有了风险投资的支持，员工招聘问题也迎刃而解了。

现在，刘先生公司经营得红红火火，年销售利润达500多万元。回想往事，刘先生感慨地说："创业计划书的编制与我研究的节能材料差不多，绝不是随便写一篇文章的事。编制计划书的过程就是我不断理清自己思路的过程，只有企业家自己的思路清楚了，才有可能让投资者、员工相信你。"

【讨论】

你认为刘先生的成功有哪些因素？这给了我们哪些启示？

第一节 创业计划概述

俗话说“做事不计划，盲人骑瞎马”，创业之前，做个创业计划，写一份创业计划书是很有必要的。创业计划是创业者叩响投资者大门的“敲门砖”，是创业者计划创立的业务的书面摘要，一份优秀的创业计划书往往会使创业者达到事半功倍的效果。

一、创业计划的内涵和作用

创业计划书是一份全方位的商业计划，其主要用途是递交给投资商，以便于他们能对企业或项目做出评判，从而使企业获得融资。它是用以描述与拟创办企业相关的内外部环境条件和要素特点，为业务的发展提供指示图和衡量业务进展情况的标准。通常创业计划是结合了市场营销、财务、生产、人力资源等职能计划的综合。

（一）创业计划的内涵

计划是在做某件事情之前考虑和谋划如何去做这件事情，要做计划，必须先做预测。预测是通过分析确定未来可能会发生什么事情。制订创业计划，要先对市场状况、经营环境、消费者需求进行预测，然后考虑企业未来的销售、成本、利润和现金流量是什么状况。

创业计划亦称商业计划，是全方位描述与创建新企业有关的条件和要素的书面文件，是创业的行动导向和路线图。它既为创业者的行动提供指导和规划，也为创业者与外界沟通提供基本依据。创业计划需要阐明新企业在未来要达成的目标，以及如何达成这些目标。但是，创业计划不是一成不变的，它需要随着计划的执行情况而进行调整。

（二）创业计划的作用

创业者需准备一份以市场营销和财务报表为重点的短期创业计划作为内

部管理资料，以防范初创阶段管理中常出现的“走到哪算哪”的现象。如果创业者要寻求融资资金或扩张资本，那么撰写一份完整的创业计划就十分必要了。因此，在具体的创业实践中，创业者不能轻视创业计划的价值和作用。

1. 检验创业构思是否可行

在制订创业计划的过程中，创业者必须自己考虑企业的各个方面，如设想谁会购买企业的产品或服务，竞争对手最可能是谁，要使企业运转起来需要花费多少时间和金钱，企业未来可以预计到的成本和销售是否会使企业盈利等。

2. 全面规划企业发展路径

在制订创业计划的过程中，创业者可以对企业的各个方面有一个全面规划，比如确定目标客户、辨明竞争态势、规划市场范围、形成营销策略。创业计划的制订可以保证这些方面的考虑能够协调一致。

创业计划可以帮助创业者列出一个明细清单，确定企业需要的各种资源及数量，如厂房、设备、人员、资金等。

创业计划可以为创业经营目标和相关活动提供一个时间表，根据计划规定什么时候必须完成哪些工作。

3. 帮助企业进行融资

因为没有很好的抵押品，也缺少良好的业绩证明，创业者融资面临诸多困难，若想获得风险投资家、银行、担保公司的青睐，创业计划是最重要的工具之一。

好的创业计划能让投资商更快地了解企业，对创业项目充满信心，继而产生投资该项目的兴趣，最终为企业筹集所需的资金。

4. 吸引合作伙伴加盟

创业者需要各种各样的合作伙伴，使企业充满活力，更好发展。创业计划向合作伙伴提供企业有关信息，以增强他们对企业的信心。

创业者可以通过创业计划向合作伙伴介绍创业者团队及创业目标。创业计划也是直接和有关人士交流的基础工具，包括投资者、股东、法律人士等。

对于企业的员工，创业计划中使命陈述、愿景规划和价值观可以帮助员工建立起强烈的团队协作感和团队精神。

5. 争取政府部门扶持

各级政府相关部门为鼓励创业，都在以各种形式扶持创业者，除了出台多项政策，给创业者提供政策性支持外，还采取了各种措施给予扶持创业。有些扶持是长久性的、日常性的、职能性的，有些则是临时性的。有的直接提供经济上的帮助，如资金扶持、场地扶持、税收扶持、社保扶持等，有的则在其他方面提供便利，社会各界也采取了各种举措来帮助创业者。

要争取到这些扶持，必须借助完整的创业计划来展现企业及其创业项目所具有的积极的社会意义，以及企业需要政府部门提供的具体支持。根据政府有关部门的要求，创业计划可能会以可行性论证的形式出现。

6. 衡量企业发展进程

创业计划中包括对企业即时状态的描述，包括描述半年、一年甚至更长时间以后企业可能处于什么状态。当这些时刻来临时，创业者可以对照创业计划，衡量一下企业在各方面表现如何。

7. 应对各种经营危机

创业计划对企业可能面临的风险做出分析并设计出规避措施，对突发事件的应对方式也进行相应的设计，这些都有助于新企业在面临困境时很快找到解决方案。

二、创业计划中的信息搜集

（一）制订创业计划所需要的信息种类

计划书中若有完整的行业信息数据，显然能增加说服力，但计划书中所有的数据、信息都必须有来源。创业计划的制订，需要以充分、有效的信息为依据，所需要的信息主要有以下三种类型。

1. 市场信息

市场信息主要是为了细分市场和确定目标市场，以及确定目标市场的规模、增长速度、竞争状况、发展潜力等，从而为制订营销计划提供依据。

2. 生产信息

生产信息主要是有关生产经营场所、供应商、劳动力市场，以及有关技术和发展趋势方面的信息，这些信息决定着生产能力、生产成本、产品质量、生产经营环境等。

3. 财务信息

财务信息包括融资的渠道和条件、销售前景和费用支出预算等，这些信息是为了确定新创企业的资金需求和投资回报的方式和潜力。

为了完成制订商业计划的任务，在这些有关的信息搜集之后，要以一种可被管理和有用的方式进行整理。一种有效的整理信息的方式就是将信息分类，如划分为关于目标市场、行业、竞争、财务等方面的信息，然后将这些信息进行整合，形成一个商业计划。

（二）信息搜集中的市场调查方法

最常见的市场调查方法，是通过以下间接方式来获取所需要的数据：

（1）抽样调查（包括访谈、填问卷等方法）。

（2）通过相关行业协会或部门来查询数据。

（3）通过行业人员和自身经验来推测。

（4）通过互联网来搜集查询信息。

但是，通过这些间接的方式，有时可能找不到所需要的数据，即便找到也可能不准确、不真实。所以，通常情况下创业者还应该考虑采用直接的市场调查方法，亲自或聘请专业公司做市场调查。其具体方法主要有以下几种：

1. 观察法

观察法分为直接观察和实际痕迹测量两种。所谓直接观察法，指调查者在调查现场有目的、有计划、有系统地对调查对象的行为、言辞、表情进行观察记录，以获得第一手资料，它最大的特点是总在自然条件下进行，所得材料真实生动，但也会因为所观察的对象的特殊性而使观察结果流于片面。实际痕迹测量是通过某一事件留下的实际痕迹来观察调查，一般用于对用户的流量、广告的效果等的调查。例如，企业在几种报纸、杂志上做广告时，在广告下面附有一张表格，请读者阅后剪下，分别寄回企业有关部门，企业从回收的表格中可以了解在哪种报纸杂志上刊登广告最为有效，为今后选择广告媒介和测定广告效果提供可靠资料。

2. 询问法

询问法是将所要调查的事项以当面、书面或电话的方式向被调查者提出询问，以获得所需要的资料。它是市场调查中最常见的一种方法，可分为问卷调查、面谈调查、电话调查、邮寄调查、留置询问表调查五种。问卷调查是最常见的方法，它具有全面、准确和易于统计分析等特点。面谈调查能直接听取对方意见，富有灵活性，但成本较高，结果容易受调查人员技术水平的影响。邮寄调查速度快，成本低，但回收率也低。电话调查速度快，成本最低，但只限于在有电话的用户中调查，整体性不高。留置询问表调查可以弥补以上缺点，由调查人员当面把问卷交给被调查人员，说明方法，让其自行填写，再由调查人员定期收回。

3. 实验法

这种方法通常用来调查某种因素对市场营销量的影响，它是在一定条件下进行小规模试验，然后对实际结果做出分析，研究是否值得推广。它的应用范围很广，凡是某一种商品在改变品种、品质、包装、设计、价格、广告、陈列方法等因素时都可以应用这种方法，调查用户的反应。

（三）信息搜集中的市场调查过程

市场调查工作必须有计划、有步骤地进行，以防止调查的盲目性。一般来说，市场调查可分为四个阶段：调查前的准备阶段、正式调查阶段、综合整理分析资料阶段和提交调查报告阶段。

1. 调查前的准备阶段

对企业提供的资料进行初步的分析，找出问题存在的征兆，明确调查课题的关键和范围，以选择最主要也是最需要的调查目标，制订出市场调查的方案。主要包括市场调查的内容、方法和步骤，调查计划的可行性、经费预算、调查时间等。

2. 正式调查阶段

正式调查阶段要完成以下四类调查：

（1）市场需求调查，即调查市场的需求量及其影响因素，特别要重点进行购买力调查、购买动机调查和潜在需求调查。

（2）竞争者情况调查，包括竞争对手的基本情况，竞争对手的竞争能力、经营战略、新产品及新技术开发情况和售后服务情况等。

（3）本企业经营战略决策执行情况调查，如产品的价格、销售渠道、广告及推销方面的情况等。

（4）政策法规情况调查，如政府政策的变化，法律、法规的实施等。

3. 综合整理分析资料阶段

当统计分析研究和现场直接调查完成后，市场调查人员拥有大量的一手资料。对这些资料首先要编辑，选取有关的、重要的资料，剔除没有参考价值的资料。然后对这些资料进行编组和分类，使之成为某种可供备用的形式。最后把有关资料用适当的表格形式展示出来，以便说明问题或从中发现某种典型的模式。

4. 提交调查报告阶段

经过对调查材料的综合整理和分析，便可根据调查结果形成调查结论，撰写并提交调查报告。值得注意的是，调查人员不应当把调查报告看作市场调查的结束，而应继续注意市场情况变化，以检验调查结果的准确程度，并发现市场新的趋势，为改进以后的调查打好基础。

第二节　创业计划书

创业计划书也称为商业计划书，是对构建一个企业的基本思想以及对企业创建有关的各种事项进行总体安排的文件。创业计划书主要从企业内部的人员、制度、管理，企业的产品、营销、市场、财务等各方面对即将创建的企业进行可行性分析。其目的主要是为了展望商业前景和企业的未来，整合资源，集中精力，修补问题，寻找机会等，具体可以分为以下四个方面。

（1）分析和确定创业机遇及内容。

（2）说明创业者计划利用这一机遇发展新的产品或服务所要采取的方法。

（3）分析和确定影响企业能否成功的关键因素。

（4）确定实现创业所需要的资源以及取得这些资源的方法。

当创业者选定了创业目标，确定了创业动机之后，并在资金、资源和市场等各方面的条件都已经准备妥当或已经积累了相当的实力，这时候就必须提出一份完整的创业计划。它是整个创业过程的灵魂，其中要详细叙述与项目有关的一切内容，包括创业的形式、企业的阶段目标、资金的筹集及规划、财务预测、市场营销、风险评估、竞争者分析、内部管理规划以及相关的其他必要信息等。在实际的创业过程中，这些都是不可或缺的因素。

一、创业计划书的作用和类型

（一）创业计划书的作用

创业计划书是创业者创建企业的蓝图，是创业者实现创业理想的具体实施方案。它可以使你有计划地开展商业活动，增加成功的概率，减少失误。对于初创企业来说，创业计划的作用尤为重要，一个创意或构思中的项目往往还很不成熟，通过制订创业计划，把项目优势和不足都反映出来，再逐条推敲摸索，这样就会对创业项目有一个更为清晰和全面的认识。不同的读者对创业计划书内容有不同的要求，如表 5-1 所示。

表 5-1 创业计划书的读者需求

读　者		希望看到的主要内容
内部读者	企业创立者和初始管理团队	这部分读者也是创业计划书的撰写者。撰写的过程促使企业的初始管理团队细致思考企业的各部分，并就一些重要问题达成一致
	普通员工	这部分群体愿意看到企业计划实现什么以及如何实现的清晰阐述，这些信息有助于员工将自己的行为与企业目标保持一致
	董事会成员	对于董事会成员来说，创业计划书树立了一个标杆，根据这个标杆，能够评价高层管理团队的绩效
外部读者	潜在投资者	对投资者来说，创业计划书应提供有关商业机会的优势、企业高层管理团队质量和其他相关信息的证据。投资者也会对他们将如何实现投资回报感兴趣，例如，首次公开上市、出售企业或管理层收购等
	潜在的贷款银行	银行家关心新企业的贷款何时以及如何偿付，新企业是否有担保等，以确保贷款安全。此外，银行家还会对企业如何从潜在的危机中谋生感兴趣
	潜在的合作伙伴和重点客户	高质量的联盟伙伴和大型客户一般不愿意与不熟悉的公司打交道，一份有说服力的创业计划书有助于打消他们的顾虑
	前来应聘的关键员工	关键职位应聘者往往看重商业机会的吸引力、报酬计划与企业前景

当前很多人对创业计划书作用的认识存在片面性。有人认为，创业计划书的主要作用就是去吸引风险投资。其实这种观点是不对的，或者说是不全面的。创业计划书是企业运营必需的一种商业文件，具有明显的商业价值。这种商业价值是从多方面表现出来的。寻求风险投资只是其中的一个方面，除此之外还有以下作用。

1. 导向作用

创业计划书是创业全过程的纲领性文件，是创业实践的战略设计和现实指导。因此，创业计划书对于创业实践具有非常重要的指导作用。只有那种没有真正的战略思考和可操作性的创业文件才没有明显的效果。

2. 聚才作用

创业计划书的聚才作用是很宽泛的，主要表现在以下四方面：

（1）吸引创业人才进入。

（2）吸引新股东加盟。

（3）吸引有志之士参加创业团队。

（4）吸引对创业计划感兴趣的单位赞助和支持。

3. 整合作用

整合作用是创业计划书的一个最根本、最重要的作用。在创业的过程中，各种生产要素是分散的，各种信息是凌乱的，各种工作是互不衔接的。创业团队通过编写创业计划书的过程，理清思路，进行调研，完善信息，更好地找到企业运行各种程序之间的连接点，实现各种资源有序地整合，最终达到创造和形成商业利润。

4. 融资作用

资金是企业的血液，是创业的要素，是创业企业能够获得快速发展和崛起的前提。创业计划书是企业项目融通资金的必备资料与重要因素。一个好的项目需要进行融资时，仅靠创业者的口头述说是不可能赢得投资者的信任的，也很难激发他们投资创业项目的兴趣。创业计划书是一份全方位的项目计划，它从各个方面对创业项目进行可行性分析及筹划，是投资商审慎筛选项目的重要依据。因此，只有拥有一份完整的商业计划书才可能使你的融资需求实现，而商业计划书的质量对你的项目融资至关重要。

5. 纽带作用

创业计划书是创业者联结理想与现实的纽带。对初创企业来说，创业计划书说明创业项目的基本思想，确定最重要的目标，描述现在的起点以及达到目标的方法，分析影响项目成功的因素。在创业计划书中，对项目的产品、市场、财务及管理团队进行进一步的分析和调研，能及早地发现问题，从而进行事前控制，进一步完善项目的可行性，提高成功率。

（二）创业计划书的类型

创业计划书根据不同的目的、用途和实际情况，可以制作成不同篇幅、规格的版本。最常见的有以下三种类型：

1. 简略性创业计划书

简略性创业计划书是精简版的创业计划书，一般只有一页或数页。它仅仅是向读者介绍创业计划最核心的内容，主要目的是最大限度地向人们介绍创业计划，并在最短时间内引起小部分人的兴趣。在一些大型的项目展示会上，我们看到的一些产品说明书、企业介绍书、企业传单等就属于这一类。

2. 详尽型创业计划书

一般有 25 ～ 50 页，内容完整，包括企业简介、市场分析、产品分析、管理团队简介、营销计划、生产计划、财务分析、风险管理等各个方面，是在实践中使用最多的类型。可用于向投资人、合作者、政府部门等全面展示创业计划，也可作为企业发展的规划使用。

3. 企业运营规划

一般有 50 ～ 100 页，甚至更多。与详尽型创业计划书相比，企业运营规划增加了许多细节性和操作性的内容，更加详细完整地描述了企业的发展蓝图和实施方案。这类商业计划书的最大特点就是覆盖了企业经营管理的所有细节信息，主要用途是在企业经营中为管理者和员工的工作提供指导。

二、创业计划书的撰写原则和注意事项

（一）创业计划书的撰写原则

1. 主题鲜明，扣人心弦

最好开门见山地切入主题，以真实、简洁的语言描述自己的想法，不要浪费时间去讲与主题无关的内容，尽可能通过计划书语言去陈述，展现创业者的领导才能。

2. 自信务实，关注细节

通过互联网等多种渠道搜集更多的资料，要多做市场调研，认真听取多位顾客的建议，尽可能地在行业专家指导下，对产品市场前景、竞争优势、回报分析等多角度加以分析和总结，对于可能出现的困难或问题要有足够的认识和预估，增强对投资项目的可行性和成功可能性的认识。

3. 脉络分明，条理清晰

对初创企业来说，创业计划书的作用尤为重要，一个酝酿中的项目，往往各方面还很模糊，通过制订创业计划书，把正反理由都写下来，然后再逐条推敲，这样就能对这一项目有更清晰的认识。首先，创业计划书把计划中要创立的企业推销给了创业者自己；其次，创业计划书还能把计划中的风险企业推销给风险投资家，公司创业计划书的主要目的之一就是为了筹集资金。因此，创业计划书必须说明如下问题。

（1）创办企业的目的——为什么要冒风险、花精力、时间、资金、资源去创办风险企业？

（2）创办企业需要多少资金？为什么要这么多的钱？为什么投资人值得为此注入资金？对已建的风险企业来说，创业计划书可以为企业的发展定下比较具体的方向和重点，从而使员工了解企业的经营目标，并激励他们为共同的目标而努力。更重要的是，它可以使企业的出资者以及供应商、销售商等了解企业的经营状况和经营目标，说服出资者（原有的或新来的）为企业的进一步发展提供资金。

（二）编写创业计划书的注意事项

那些既不能给投资者以充分的信息也不能使投资者激动起来的创业计划书，其最终结果只能是被扔进垃圾箱。为了确保创业计划书能“击中目标”，创业者撰写创业计划书时应做到以下几点：

1. 说明产品的核心作用

在创业计划书中，应提供所有与企业的产品或服务有关的细节，包括企业所实施的所有调查。这些问题包括：产品正处于什么样的发展阶段？它的独特性怎样？企业分销产品的方法是什么？谁会使用企业的产品？企业发展新的现代化产品的计划是什么？要把出资者拉到企业的产品或服务中来，这样出资者就会和创业者一样对产品有兴趣。在创业计划书中，企业家应尽量用简单的词语来描述每件事。制订创业计划书的目的是要出资者相信企业的产品会在市场上产生革命性的影响。

2. 了解市场

创业计划书要给投资者提供企业对目标市场的深入分析和理解。要细致分析经济、地理、职业以及心理等因素对消费者选择购买本企业产品这一行为的影响，以及各个因素所带来的作用。创业计划书中还应包括一个主要的营销计划，计划中应列出本企业打算开展广告促销以及公共关系活动的地区，明确每一项活动的预算和收益。创业计划书中还应简述企业的销售战略：企业是使用外面的销售代表还是使用内部职员？企业是使用批发商、分商，还是特许商？企业将提供何种类型的销售培训？此外，创业计划书还应特别关注一下销售中的细节问题。

3. 表明行动的方针

企业的行动计划应该是无懈可击的。创业计划书中应该明确下列问题：企业如何把产品推向市场？如何设计生产线？如何组装产品？企业生产需要哪些原料？企业拥有哪些生产资源？还需要什么生产资源？生产和设备的成本是多少？企业是买设备还是租设备？此外，还应解释与产品组装、储存以及发送有关的固定成本和变动成本的情况。

4. 展示管理队伍

把一个思想转化为一个成功的风险企业，其关键的因素就是要有一支强有力的管理队伍。这支队伍的成员必须有较高的专业技术知识、管理才能和多年的工作经验。管理者的职能就是计划、组织、控制和指导公司实现目标的行动。在创业计划书中，应首先描述一下整个管理队伍及其职责，然后再分别介绍每位管理人员的特殊才能、特点和造诣，细致描述每个管理者将对公司作的贡献。创业计划书中还应明确管理目标以及组织机构图。

5. 出色的计划摘要

创业计划书中的计划摘要也十分重要，它必须能让读者有兴趣并渴望得到更多的信息，它将给读者留下长久的印象。计划摘要将是创业者所写的最后一部分内容，但却是出资者首先要看的内容，它将从计划中摘录出与筹集资金最紧密相关的细节：公司内部的基本情况、公司的能力以及局限性、公司的竞争对手、营销和财务战略、公司的管理队伍等情况。

三、创业计划书的编写步骤

创业计划书的编写涉及的内容较多，因此制订创业计划书之前必须进行周密安排。编写一份好的创业计划书，主要有以下步骤。

（一）资料准备

在写创业计划书之前，应首先以创业计划书总体框架为指导，针对创业目的与宗旨，搜寻内部与外部资料。包括创业企业所在行业的发展趋势、产品市场信息、产品测试、实验资料、竞争对手信息、同类企业组织机构状况、行业同类企业财务报表等。同时，创业者可以搜集和整理其他创业者成功的创业计划书案例，借鉴他人成功的经验，有针对性地准备自己的创业计划书。

（二）创业构思

在分析自身条件和了解创业机会的基础上，创业者可以对创业项目做初步的构思与选择，即选择创业的切入点。例如，是办修理厂，还是办加工厂；是开美发中心，还是进行软件开发；是开商场，还是经营酒店；是个人独立经营，还是与人合作经营。选择的正确与否直接关系到创业的成败。

（三）市场调研

当一个创意或者新的投资项目从大脑中萌发时，它并不是存在于真空中的，创意或投资项目付诸实施并不是说干就干想当然的事情。因此，在写作商业计划书以前，应该进行充分的市场调研。市场调研主要围绕以下问题进行：投资项目中的产品或服务的市场性质是什么？该领域目前的情况如何？产品或服务处于什么样的阶段？市场前景如何？竞争对手的情况如何？在调研过程中，不能遗漏任何细节。

（四）方案起草

依据创业构思和市场调研的结果，对创业企业的市场竞争及销售、组织与管理、技术与工艺、财务计划、融资方案以及风险分析等内容进行全面编写，初步形成较为完整的创业计划方案。

写作风格要适中，既不要太平淡无奇，引不起投资者兴趣，又不要太花里胡哨。介绍技术时，要用科学的事实和必要的数据，阐明技术的先进性和实际性。介绍设想时，更需要有充分的市场研究结果，阐述想法的合理性，证明这个想法是切实可行的。分析市场时，要对未来 3 ～ 7 年的市场前景有合情合理的分析，并要做到言之有据。

（五）检查修改

检查和修改是编制创业计划书的一个重要步骤和重要阶段。检查和修改的过程是对创业计划书进行提升和提炼的过程，是进一步理清创业思路的过程，也是一个进一步夯实创业准备工作的过程。

（1）进行格式上的检查。创业计划书的主体格式尽管并不固定，但是其主要内容、主要纲目却是不可或缺的。另外，对创业计划书封面的要求也是非常规范和严格的。在封面上除了应该写明项目名称和项目编制人或单位之外，还应该标明版本及保密级别。版本表示你的计划书的修改情况，保密级别反映你的创业项目的安排、战略策划和整体设想的保密情况。

对上述细节的注意是一种不发言的言语，不说话的话语。它会表明你的管理情况和管理章法，体现出你的管理水平和能力。

（2）进行内容上的检查。内容上的检查是检查的重点，是修改的基础。内容的检查分两个层次，一个是通盘检查，又叫整体检查，另一个是重点检查。正确的做法是：在整体检查的基础上进行重点检查；在重点检查并进行重点修改后，再进行通盘检查并定稿。

（3）进行文字上的检查。创业计划书应该是创业者真实的、完整的、准确的意思表达。因此，创业计划书中的用词、用字、标点和相关的数字计算都要十分准确。应该尽量用简单而准确的词语来描述每件事、每件产品及其属性的定义，段落要清晰，阐述问题的逻辑层次要清楚，该用图表说明的地方应该用图表说明。创业计划书如果内容较长，还应该有目录。

四、创业计划书的主要内容和基本结构

（一）创业计划书的主要内容

创业计划书要根据企业的发展目标进行制定，并随着执行的情况进行调整，一般包括以下几部分内容：

1. 项目分析

（1）主要产品（或服务）的内容及独特性。

（2）目标顾客有哪些，产品（或服务）能给顾客带来的价值。

（3）产品生产计划、成本和售价。

（4）核心技术情况。

2. 市场分析

（1）产业目前发展状况与规模。

（2）产业发展趋势预测及盈利潜力。

（3）竞争者优劣势、自身优势及策略分析。

3. 团队建设

（1）组织机构及管理目标。

（2）主要管理成员的才能及职责。

（3）所有权、股权与报酬。

（4）专业顾问与提供的服务。

4. 经营方案

（1）企业的目标规模。

（2）企业的管理方式及经营战略。

（3）风险分析及应对办法。

5. 财务计划

（1）启动资金预算。

（2）融资计划。

（3）盈亏平衡分析。

（4）收益表、资产负债表、现金流量表。

（5）投资回收期估算。

6. 营销计划

（1）产品（或服务）定价策略。

（2）销售方式、营销策略。

（3）促销策略。

（4）薪酬计划。

（5）广告方式。

（二）创业计划书的基本结构

创业计划书一般包括封面、保密要求、目录、正文及附录五个主要部分。

1. 封面

封面一般应注明公司名称、行业领域、创办者姓名、联系电话、电子邮箱、日期等。

2. 保密要求

保密要求一般可放在次页，主要是要求投资方妥善保管创业计划书，在未经融资方允许的情况下，不得向第三方公开创业计划书中涉及的商业秘密。

3. 目录

标明创业计划书各部分内容及页码。

4. 正文

正文是创业计划书的主体部分，是创业计划书的主要内容在正文中的具体体现。可根据自身情况分别从执行概要、企业基本情况、经营管理团队、产品（或服务）、技术研究与开发、行业及市场分析、前景展望、营销策略、经营管理、融资计划、财务预算、风险控制等方面对投资者关心的问题进行介绍。在这一部分中，要做到数据有理有据、资料翔实、准确。结构安排合理，内容重点突出，逻辑性强，并且实事求是。

5. 附录

附录是对正文中涉及内容的补充，对一些相关数据、资料进一步说明、介绍、解释。比如，公司的章程、市场调查问卷、调查分析、合同、知识产权的证明等。

五、创业计划书示例

甲壳质材料研究 & 开发有限责任公司的创业计划书

（首届“挑战杯”全国大学生创业计划大赛金奖作品）

1 执行总结

1.1 公司

甲壳质材料研究 & 开发有限责任公司是一个提议中的公司，它拥有甲壳质纤维制备的专利技术，提倡科技为本的绿色生活新理念，为人类提供尽善尽美的天然生物产品。

我国医用缝合线每年约有 15 亿元的市场需求，其中可吸收缝合线约有 7.5 亿元。公司成立初期生产医用甲壳质可吸收缝合线，以满足迅速发展的可吸收缝合线市场的需求，使用投资建厂解决方案，针对解决 PGA（聚乙二醇酸）类可吸收缝合线大部分依赖进口、价格昂贵、影响提高人们医疗水平的问题。

公司注重短期目标与长远战略的结合，中长期目标将逐步拓宽产品领域，涉足甲壳质医用抗菌材料、药物缓释材料、人造器官、化妆品、保健食品、保健服装面料、新型环保包装材料、快餐用具等，形成以甲壳质材料为核心的多元化经营集团公司。

1.2 **市场**

医用缝合线市场是集团市场，购买过程属集团购买行为。

目前，我国大量使用的医用缝合线主要有丝线、羊肠线和PGA类可吸收线。羊肠线材料本身有缺陷，PGA类缝合线生产成本居高不下，使用范围均受到影响。医用甲壳质缝合线将就这一切入点进入市场。

医用甲壳质缝合线采用竞争定价策略进入市场。产品生产成本约2.1元/根，是PGA类缝合线的十分之一；平均定价30元/根（据调查，市场可接受价格为30～40元/根），大约是PGA类缝合线平均市场价格的1/2，而且降价空间较大。

公司将在全国设立七个区域分销中心，与代理商、经销商一起建立健全的营销网络。

产品进入市场的过程中将大量赠送产品让医生试用作为促销手段和提高市场占有率的手段，第一年赠送90万根，第二年赠送160万根，第三年以后每年赠送80万根。

国际领先的甲壳质纤维制备专利技术是制备医用甲壳质缝合线的关键。公司将建立ISO 9000质量管理体系，力争获得国际ISO 9000质量管理认证。

1.3 **投资与财务**

公司设在上海张江高新技术园区，享受“三免三减半”的税收优惠政策。

公司成立初期共需资金1100万元。其中风险投资700万元，东华大学投入资金100万元，短期借款300万元。其中用于固定资产投资602万元，流动资金498万元。另外，天纯生物材料有限公司设备入股100万元。

股本规模及结构暂定为：公司注册资本1200万元。外来风险投资入股700万元（58.33%）；东华大学（原中国纺织大学）专利技术入股300万元（25%），资金入股100万元（8.33%）；上海天纯生物材料有限公司设备入股100万元（8%～33%）。

第二年估计盈利1000万元，以后每年销售利润率45%左右，第二年资产报酬率为75.39%，投资回收期为两年零一个月。

风险资金最好在第3～5年撤出，采用收购方式比较适合本公司。

1.4 组织与人力资源

公司性质是有限责任公司，初期组织结构采取直线制。公司所有权与经营权分离，实行总经理负责制。总经理下设营销副总经理、技术副总经理、财务副总经理。

甲壳质纤维制备技术专利属东华大学所有，郑志清教授等老师是专利技术发明人。郑志清教授有多年的科技成果产业化经验，将出任公司董事长兼技术副总经理；创业小组成员将参与公司的市场营销与财务管理工作；公司还聘请了东华大学市场营销系顾庆良教授作为营销顾问。

2 项目背景

2.1 产业背景

近年来，我国医疗器械产业得到很大发展。有关方面调查表明，全国医疗器械产业实际总产值达160亿～180亿元，相当于1978年的22～25倍，约占世界总销售额的2%左右。我国医疗器械行业发展滞后于化学药物工业，发达国家医疗器械与药物销售之比接近1∶1，而我国只有1∶10，因此具有极大的拓展空间。

据调查，高性能的医用纺织品的增值幅度可达到1∶50左右。

目前，我国大量使用的医用缝合线有三种：丝线、羊肠线和PGA类可吸收线。羊肠线和PGA类缝合线是可吸收缝合线。

羊肠线生产工艺落后，污染环境，可吸收性差，易过敏和产生抗体反应。目前，它的存在仅仅是由于价格优势。PGA类可吸收缝合线大量依赖进口，不仅花费大量外汇，增加了国家和手术患者的经济负担，也对我国外科手术水平的提高产生了一定影响。

据台湾化工所资料，世界上只有三家工厂生产PGA原料，取得极为不易，价格居高不下。另外，PGA含水率过高将导致材料水解劣化、机械强度下降，缝合线质量受到严重影响。

作为一种纯生物制品，用甲壳质做原料的可吸收缝合线，能被人体完全吸收，无毒副作用，能够满足作为可吸收缝合线的所有指标，符合绿色环保的社会发展主题，是PGA类可吸收缝合线的替代品。在吸收进口可吸收缝合线的优点的基础上，研制开发性能优越、价格适宜的甲壳质可吸收缝合线是符合社会和市场要求的。

投产医用甲壳质可吸收缝合线，在全球范围内具有超前性，对于促进我国医疗器械工业的发展、提高人们医疗水平、减轻国家外汇负担等方面，具有长远的经济效益和社会效益。

2.2 产品概述

2.2.1 甲壳质

甲壳质又称壳质、甲壳素，是一种带正电荷的天然多糖高聚物，化学名称为聚乙酰胺基葡萄糖。它广泛存在于虾、蟹、昆虫等的外壳及茵类、藻类的细胞壁中，含量可达20%～30%，在我国来源极为丰富。

甲壳质纤维是除了纤维素之外的第二类有机生物材料，是一种新型可吸收、可降解的纯天然生物高分子材料。甲壳质纤维具有许多不同于纤维素的生物特性，如具有生物的相容性、无免疫抗原性，无毒无刺激，可被溶菌酶分解吸收，促进组织生长，加速伤口愈合，提高免疫力等。近年来，甲壳质纤维受到国际医学界的高度重视，是一种应用前景广阔的医用高分子材料。

东华大学甲壳质研究项目技术水平国际领先，被列入国家重点研究项目，并进驻上海浦东高校重点实验室。

目前，已成功研制出甲壳质医用无纺布、医用敷料和医用创可贴材料，并于1994年1月18日通过上海市科委组织的专家鉴定，达国际先进水平。经临床使用证明，该类产品具有消炎、镇痛、止血、抑菌、透气吸水、促进组织生长等性能。目前，甲壳质医用无纺布、甲壳质创可贴材料、甲壳质医用敷料在上海浦东张江高科技园区已规模生产，取得了良好的经济效益和社会效益。

2.2.2 甲壳质缝合线

缝合线是一种用于伤口缝合、组织结扎和固定的无菌线，属医疗器械中的三类产品。甲壳质可吸收缝合线是以纯天然甲壳质为主要原料的、能被人体吸收的医用缝合线。

产品性能：甲壳质可吸收缝合线经上海、浙江数家医院400多例临床使用，性能优异，疗效满意，完全符合缝合要求，无过敏、炎症、刺激等不良反应。

产品专利：甲壳质纤维及其制备方法（专利号ZL.96103888.8），专利为东华大学所有，发明人是郑志清教授等老师。

2.3 甲壳质可吸收缝合线的优点

经临床实验证明，与现有缝合线相比，医用甲壳质可吸收缝合线具备了作为可吸收手术缝合线的主要优点：

（1）纯生物制品，与人体相容性好，伤口缝合疤痕小。

（2）原材料广泛存在于海洋生物中，成本是PGA类产品的十分之一。

（3）线体周围形成抑制细菌生长的环境，有利于伤口愈合。

（4）无毒、无刺激，无抗体反应，能够被身体完全吸收。

（5）足够的抗张强度和柔韧性，完全符合制备可吸收缝合线的要求。

（6）易保存，在空气中几乎不分解。

（7）能经受杀菌消毒处理，可进行染色、防腐处理等。

（8）资深教授、专家、研究员担纲科研，研发实力雄厚，专利技术国际领先。

2.4　甲壳质应用前景

甲壳质是一种天然高聚物，是一种新型环保材料，在医学、农业、轻工业等领域具有广泛的用途。在医学上可以用来做人工皮肤、药物缓释材料、止血剂和伤口愈合剂、人造器官（如人工肾、人造血管）等；在农业上可用来生产壳聚糖、壳质包覆农药、降解地膜等；在轻工业上可用来做成化妆品、保健品、功能服装、环保包装材料等。

3　市场机会

3.1　市场特征

3.1.1　概述

医用缝合线的实际消费者是患者，使用者和购买决策者是外科主刀医师和护士长，实际购买者是采购部门。市场特征呈现为使用者、购买决策者与购买者分离的特殊性。

医用缝合线市场是集团市场，购买过程属集团购买行为，人员推销是最有效的销售方式。医生首先根据手术类型和要求选择缝合线种类、规格，同时会受使用习惯、品牌偏好、地域差异等因素的影响。

缝合线属于医疗器械类，医药卫生管理机构如国家医药管理局、卫生局等制定的宏观政策法规会对其发展产生重要影响。

医疗器械的销售要三证齐全，三证是《医疗器械生产许可证》《医疗器械销售许可证》《产品合格证》，有些地方还要求由当地卫生主管部门核发的《准销证》。

3.1.2 购买决策过程

在购买决策中，医生和手术室护士长起很重要的作用，有些甚至由护士长指定或采购（特别是二级以下医院），极少数医院由行政部门决策购买。

3.2 市场细分

按市场开发程度，国内医用缝合线市场主要分为以下两类。

3.2.1 已开发的可吸收缝合线市场

已开发的可吸收缝合线市场是指使用羊肠线和PGA类可吸收缝合线的市场。

（1）大量使用PGA类可吸收缝合线的市场。这类市场分布主要在经济发展水平较高、医疗水平较高的大城市医院，如北京、上海、广州等。市场特征主要表现为：厂家对于使用PGA类可吸收缝合线的前期宣传已基本完成，医生接受程度高，医生品牌忠诚度高；可吸收缝合线应用广泛、应用时间久；对价格敏感度较低；消费行为比较成熟。

（2）大量使用羊肠线的市场。这类市场分布主要在经济发展水平相对较低的大中型城市的医院，如西安。市场特征主要表现为：可吸收医用缝合线主要使用羊肠线，尚未大规模使用PGA类可吸收缝合线；医生对于可吸收缝合线的接受程度相对较高；对价格较为敏感；品牌忠诚度不高。

3.2.2 尚未开发的可吸收缝合线市场

尚未开发的可吸收缝合线市场是指应该或可以使用可吸收线而仍然使用丝线的市场。

这类市场分布主要在经济发展水平偏低、医疗水平有限的中小型城市医院或大城市的小医院。市场特征主要呈现为：医生较少接触或使用PGA类可吸收缝合线；手术中普遍使用丝线；对于价格敏感度很高；PGA 类可吸收缝合线尚未进入这类市场，竞争和缓。

3.3 销售渠道分析

据调查，医用缝合线的主要销售渠道为：

（1）厂家直销 / 当地代理商销售：PGA 类可吸收缝合线生产厂家主要采用这种方式。通过当地代理商能够减少进入壁垒，顺利进入新市场。厂家直销适用于进入壁垒较小的市场。医院一般较为相信当地的代理商，发生问题处理及时，且信誉有保障。

（2）通过医疗器械批发公司销售：主要是国内的丝线、羊肠线生产厂家，他们通过各级医疗器械公司、经销商建立了庞大的销售网络，销售渠道通畅，并与全国各大中医院有着牢固的业务关系，受人为因素影响相对较小。

3.4 竞争分析

3.4.1 竞争产品和竞争对手

丝线：价格便宜，目前手术中仍大量使用普通丝线。上海浦东金环医疗用品有限公司占据了全国丝线市场绝大部分市场份额，其次是美国强生的“慕丝线”也在国内大医院普遍使用，国内还有天津、杭州、无锡、南通等地生产厂家。

羊肠线：价格便宜，在妇产科等手术中较多使用，使用不便，容易引起炎症，处于被逐步替代的阶段。厂家主要分布在上海、天津、杭州等地。

PGA 类可吸收缝合线：多为进口，国内南通也有生产，价格较高，厂家以美国的强生和氰胺（肯达尔）为最多。主要采用上门推销和大量赠送产品试用的方式攻占市场。

据调查，强生和氰胺在上海占有 80% 以上的可吸收缝合线市场份额；另外，南通“华利康”也有一定的比例。“华利康”价格大致在强生和氰胺的60%左右，但价格优势基本被其不完善的售后服务和质量问题所抵消。

3.4.2 竞争影响力量分析

国家法律法规及卫生管理部门对竞争影响力量结构有较大的影响。

销售商：主要指经销商和代理商。丝线、羊肠线主要由各地经销商销售，PGA类缝合线主要是厂家直销和代理商销售，取得代理商的合作是在竞争中取胜的关键要素。

同时经营多品牌的销售商销售重心的偏移和销售成本变化会对竞争产生明显影响。

资源供应商：上海天纯生物材料有限公司以甲壳质纤维生产设备入股，年产能力为5吨，生产无纺布和医用敷料自用500千克，生产甲壳质缝合线使用量为500千克，原材料供应充足：缝合针市场供应量充足。

国内甲壳质原料供应商较少，采购商也较少，互相讨价还价能力有限。对供应商的产品质量进行控制与防止受控于供应商的能力也会影响竞争。

替代风险：高新技术产品的生命周期较短，更新换代快。甲壳质缝合线有可能被其他产品如吻合器、激光设备、伤口黏合剂替代，应着力研究新技术，开发新产品，加强市场营销，化解被替代威胁。

公司拥有甲壳质纤维制备技术专利，同类产品的潜在竞争者需经授权许可才能进入，也给替代品的出现构成障碍。

3.4.3 竞争优势

甲壳质缝合线本身的优越性能；对专有技术与人才的垄断；成本优势；资源可获性强；高新技术符合政府政策的发展方向等。

3.5 市场容量

3.5.1 市场占有量

据估算：据调查和二手资料显示，目前可吸收缝合线的使用量仅占5%左右（含羊肠线、PGA类线），但金额占总量的50%左右，约7.5亿元。

3.5.2 趋势分析与预测

据台湾工业技术研究院报告，全球医用缝合线市场年增长率为4%。据调查，PGA类缝合线产品只开发了可吸收缝合线市场的10%左右，市场潜力巨大。

目前，医用可吸收缝合线主要用于大型手术（如开胸、腹腔等）中，PGA类可吸收缝合线主要依赖进口，国家对其有严格的限制。

考虑市场增长情况，五年后甲壳质缝合线年销售额估计可达1亿元左右。

3.6 政策方针和WTO的影响

（1）医疗保健政策对高科技医疗设备产业支持与限制的放松，以及医疗体制的逐步市场化，为产品进入该市场降低了难度。

（2）据有关资料显示与专家预测，中国加入WTO有利于中小型高新技术企业发展。

（3）公司拥有先进的技术，绝对的成本优势，有能力拓展高速增长的国内及国际医用缝合线市场，获得竞争优势，分享国际经济一体化带来的好处。

（4）国际经济一体化为信息交流带来方便，可持续发展对技术创新的要求为符合这一潮流的高科技生物技术发展提供良好环境，也为公司将来的进一步发展创造条件。

4 公司战略

4.1 公司概述

甲壳质材料研究&开发有限责任公司是一家以生产甲壳质系列产品为主

的企业，公司拥有世界领先的甲壳质纤维制备技术和高素质的管理队伍，提倡科技为本的绿色生活新理念，为人类提供尽善尽美的天然生物产品。

公司拥有先进的专利技术和优秀的科研人员，有能力不断改进初期产品—医用甲壳质可吸收缝合线性能，深入研制开发以甲壳质为材料的产品系列及其衍生品，形成以甲壳质材料为核心的多元化经营集团公司。

公司拥有高素质的营销管理与销售队伍，相关技术的高科技人才。公司营销管理人员均受过管理专业的系统教育，具有丰富的管理经验和良好的市场意识；销售人员具备营销专业知识和相关医学知识。

公司属于国家政策鼓励的以生产生物高新技术产品为主的中小型企业，准备投资于上海张江高新技术园区。

4.2 总体战略

公司在3～5年内成为医用可吸收缝合线领域的市场领导者。

4.2.1 公司使命

“向社会提供优质的甲壳质产品，提高人类健康水平”。

4.2.2 公司宗旨

“关注绿色环保与生命质量，创造健康与希望”。

4.3 发展战略

4.3.1 初期（1～3年）

主要产品是医用甲壳质可吸收缝合线，市场策略为替代羊肠线和一部分丝线，挤占PGA类缝合线的市场份额；建立自己的品牌，积累无形资产；收回初期投资，准备扩大生产规模，开始准备研制开发衍生产品。

第一、二年：产品导入市场，提高产品知晓度，树立品牌形象；逐步建立健全的销售网络；打开并初步占领医用可吸收缝合线市场；累计产量约达到400万根，销售收入约4300万元，利润约1000万元；市场占有率为可吸收缝合线4%～8%。

第三年：提升品牌形象，增加无形资产；增加设备，扩大生产规模；年产量达到300万根，销售额约达到6000万元，利润约达到2600万元；市场占有率提升到15%左右；研制丝线，利用现有的销售网络，开拓整个缝合线市场；产品基本成熟，重点挖掘产品新性能，开发衍生产品，拓展市场。

4.3.2 中期（4～6年）

进一步完善和健全销售网络；重点研制相关产品，进一步拓展产品线，实行多元化经营战略；市场占有率达到17%～20%，居于主导地位；巩固、扩展甲壳质可吸收缝合线市场。

4.3.3 长期（5～10年）

利用公司甲壳质材料研制方面的技术优势，开发研制甲壳质相关产品，实现产品多元化，拓展市场空间，扩大市场占有率，成为医学、农业和化工领域的领先者。

纵向延伸：立足医用领域，进一步完善甲壳质缝合线性能；开发新型医用材料；生产制造相关止血剂和伤口愈合剂；开发研制人工肾等。

横向延伸：开发促进土壤恢复的农药、农用地膜；开发保健品、环保包装材料；研制化妆品、保健服装面料等。

公司将以高科技参与国际竞争，适时进入相应的国际市场。

5 市场营销

5.1 目标市场（target market）

全国县级或以上的综合医院、专科医院、保健医院等。

5.2 产品（product）

5.2.1 产品

保证产品质量，开发多种规格的产品，在核心产品的基础上，延伸产品的功能。同时不断开发相关新产品，拓宽产品线的广度和深度。

我们提供的不仅是有形的产品，更重要的是产品所代表的尽善尽美的服务和关注环保与生命质量的健康理念。

5.2.2 包装

采用标准化包装。在统一标识的前提下，不同的产品、规格采用易于识别的不同包装，方便顾客的选购、辨别与使用。

5.2.3 服务

建立完善的销售服务网络，为客户提供健全优质的服务。

售前服务：采用宣传、培训和交流等手段，以及通过专业推销人员的努力，使专业顾客了解产品的特性与适用情况。

售中服务：建立完善的销售网络（如电话订货），急顾客所需，及时送货上门。

售后服务：建立信息交流反馈渠道，包括销售渠道中的反馈和电子商务的网络反馈，做好产品的质量、服务的反馈信息处理，根据客户需要不断改进产品；与顾客搞好关系，固定长期业务关系；最大限度地满足客户需要；适时举办信息交流活动，搭建沟通桥梁。

5.2.4 品牌

公司发展初期采用单一品牌策略，初定为“康宜得”，有利于在客户中树立明确的品牌形象；随着公司的不断发展壮大，逐步建立起多品牌的产品组合，提升公司的企业及品牌形象，实现无形资产的增值。

建立商标防护网，注册品牌和商标，包括相关或相近的品牌、商标名，利用有关国际条约保护自己的权益；提前在网络上注册公司的域名，为发展电子商务打下基础；宣传产品品牌，提高品牌知名度。

建立品牌忠诚度是扩大市场份额的重要方式。作为医用消耗品的可吸收缝合线要建立牢固的品牌忠诚度，可以从以下几个方面努力：

（1）以优质的产品提高品牌美誉度。要在与进口可吸收缝合线竞争中取得优势，就要以优质的产品吸引顾客，赢得竞争主动权，提高产品美誉度。

（2）以完善的服务提高品牌忠诚度。在产品质量一定的情况下，健全优质的服务是赢得顾客品牌忠诚度的良好途径。因此，公司将建立健全的服务网络，覆盖整个销售区域；建立完善的优质服务制度，为产品巩固及扩大市场做不断的努力。

（3）良好的公共形象对于品牌的形象具有至关重要的影响。公关活动将始终被公司作为树立和提升企业形象、产品品牌形象的重要工作之一。

5.3　价格（price）

针对国内市场情况，我们拟采取竞争定价的价格策略，定在进口品牌的50%～75%。即同等条件下，相对于进口品牌有价格优势，相对于国产品牌有质量优势。竞争对手采取降价策略时，我们有较大的降价空间保持自己的优势。

据调查，PGA类可吸收缝合线的价格总体过高，医院从减轻患者负担考虑，尽量减少PGA类缝合线的使用。我们是后进入者，同类产品定价策略对于我们影响较大；从增强产品竞争力和公司发展的角度考虑，产品价格定位在中档。

5.4　销售渠道（place）

拟采取的销售渠道有两种：自建销售网络、利用现有渠道。

建立以上海为中心的销售网络：将全国划分为东北、华北、华中、华南、华东、西北、西南七大区域，每一区域设一个分销中心，由区域分销中心和代理商共同开发市场，并且负责监管这一区域代理商的工作和二级网络的建设。销售网络的建立原则是为客户提供最高效率的服务。

利用现有经销商：公司处于起步阶段，销售网络正在逐步建设，利用经销商现成的销售网络弥补自建的销售网络的不足，扩大市场范围，并吸引有良好关系网络、有能力的代理人才，完善自建的销售网络。

尽量把经销商选择在销售网络未建设或未完善的地区，避免两者产生矛盾。随着公司销售网络不断完善，将逐步减少经销商的销售范围。

建立公司网站与客户资源管理库，积极推动公司网络营销的开展，适时开展电子商务。及时收集试用后的反馈信息，并根据情况采取相应的措施，保证产品顺利进入市场。

5.5 推广策略（promotion）

5.5.1 大量赠送产品

医用产品试用期一般较长，医生品牌忠诚度较高，应采用人员推销方式与医生直接沟通，解除医生对试用新品牌的疑虑，建立医生对产品的信心；在产品导入市场的前期，大量赠送产品让医生试用，是比较有效的促销方式，可以培养产品与品牌亲和力，也可以改变医生的缝合线使用习惯。

考虑公司的长期战略和竞争优势，赠送量暂定为第一年赠送 90 万根，第二年赠送 160 万根，第三年以后每年赠送 80 万根。

5.5.2 人员推销

产品销售以人员上门推销为主。据调查，通过推销人员了解缝合线是医院获得产品信息的主要渠道，所以，开发市场的前提，是建立一支高素质的推销队伍。销售队伍人员应经常与临床医生等人士进行交流，了解对公司及产品的要求，不断促进产品的进步。

推销队伍将由具有医学知识和销售知识与经验的人员组成，并定期进行产品与销售知识再培训。销售业绩与奖金挂钩，给予顾客一定的数量折扣来推动销售。

产品推销出去后，就需要根据购买决策者心理，提供优质的售后服务，固定长期业务关系。

5.5.3 广告

甲壳质是一种新型材料，认知程度较低，广告的诉求点应侧重于介绍甲壳质材料本身的生物特性、医疗等领域的用途、社会效益等。

国家对医疗器械广告有着一定的限制，广告要经过医疗器械广告审查机关的严格审查，审查时间一般为15天；发布广告可以委托医疗器械经销商或广告公司代理。

从正面宣传产品，受到的限制较多，可以通过公众媒介树立企业形象，从而达到宣传产品的目的。

广告主要方向集中在做甲壳质材料广告，通过向社会宣传甲壳质的来源、特点、应用前景、各种保健功能等作用，达到宣传公司产品的作用。

（1）企业形象广告。在大众媒体和专业媒体上发布制作精良的企业形象广告，广告力求信息传达准确到位，同时配以文字报道则会取得更为良好的效果。宣传公司理念——“Your health, our success”，即“您的健康，我们的希望”。

（2）产品品牌广告。品牌广告可以通过多种渠道进行。广播、电视广告信息传递时间短，可以用来提高知名度；利用报纸、杂志制作一些寓意深刻、高品位的广告，提升品牌形象；产品品牌广告保持风格的统一，利用不同媒介的特色，建立全方位、立体的信息传播网。

（3）公益广告。除利用报纸、杂志、广播、电视等传播渠道外，也在社会公益活动中树立公司的良好形象。如与医疗部门共同建设急救中心，宣传紧急情况下的自救、互救知识等。

5.5.4 公关（public relation）

在公司筹建之初开始公关工作。公关活动的原则是树立公司技术先进、勇于创新、严谨踏实、富有社会责任感的良好形象。

公司筹建初期，公关活动的重点为提高公司知名度，辅助销售网络的建设。

承办大型的学术交流会、研讨活动。

在医学院设立奖学金，不仅培养潜在顾客，也在任课教师（通常是医院的骨干力量）心中树立企业形象，为中后期销售奠定良好的基础。

公司正式运营之后，公关活动的重点在于树立企业形象，吸引公众注意，与公众进行双向交流，加深公众对产品的认识，提高产品和品牌的知名度与美誉度。

与媒介联合举办科普节目、开辟科普专栏，开通免费咨询热线。

制作形式活泼、界面友好的主页，展开网络公关。

5.6 市场开发与进入

据调查，西安地区的医生和护士长对于医用缝合线的品牌忠诚度较低，关键是价格问题，较容易试用不同品牌的产品；京、沪、稳三地的医生对价格敏感度较低，不愿意试用不同品牌，市场开发与进入不易，但使用量远大于西安地区。

医用甲壳质缝合线市场开发策略为替代羊肠线和挤占 PGA 类可吸收缝合线市场，开拓应该用可吸收线而使用丝线的市场。进入策略应首先考虑西安等内地大中型城市，能够较早得到回报；同时也要对京、沪、穗等发达大城市进行市场开发，获取公司的长远与最大利益。

5.6.1．对已被开发的可吸收缝合线市场

市场开发与进入可以采用以下方案。

（1）占领传统可吸收缝合线羊肠线市场，替代现有羊肠线。据调查，在经济发展水平偏低的中小型城市医院仍大量使用羊肠线。羊肠线正处于

产品的衰退期，被替代的趋势日益明显，使得医用甲壳质缝合线进入这一市场将具有如下优势：良好的产品性能，使用方便，服务完善，价格适中。

（2）进入PGA类材料可吸收缝合线市场，与进口产品竞争市场份额。与进口的可吸收缝合线竞争，以优质、优价和优质服务树立产品及品牌形象，突出甲壳质的生物环保性，不断扩大市场。

工作重点在于提高品牌知名度、美誉度，树立良好的品牌形象；强调产品的生物特性；改变医生现有可吸收缝合线的品牌偏好，建立品牌忠诚度。

在专业医学杂志上举办关于甲壳质材料应用前景的讨论，强调甲壳质材料的生物特性；专业销售人员向医生介绍产品，使医生充分了解产品性能，建立对甲壳质医用缝合线的信心，并能够试用；提供完善的售前、售中、售后服务，辅以有竞争力的价格赢得市场；搞好公共关系，树立企业良好的社会形象，赢得顾客的信赖。

5.6.2 对尚未开发的可吸收缝合线市场

市场开发与进入的重点在于改变医生手术中使用缝合线的传统习惯，替代部分丝线。

据调查，医生根据手术类型选择缝合线。部分手术可选择丝线，也可用可吸收线。医生选择缝合线的依据是自己长期工作过程中形成的使用习惯和价格对于患者的影响程度。

工作重点在于改变医生使用传统缝合线的观念，强调可吸收缝合线对于手术患者的重要性；宣传缝合线的发展趋势，使医生接受使用可吸收缝合线的观念，并引导医生中的一部分“潮流领导者”使用可吸收缝合线。

市场开发的方式在于专业销售人员与医生沟通，介绍甲壳质缝合线的优点，提高医生对甲壳质缝合线的认知程度；向其介绍甲壳质可吸收缝合线，使客户了解本产品的各项性能、适用情况等；通过大量赠送试用，培养医生的使用习惯。但需要较长时期（1～2年）的普及。然后，以适中的价格、尽善尽美的服务、有力的公关手段打开市场。

6 生产管理

6.1 生产要求

生产周期：从原料到缝合线生产周期为6天。

工人要求：相关专业大中专学历、经过3个月的专业培训。

技术关键：甲壳质纤维制备。

6.2 厂址选择

厂址准备选择在上海张江高新技术园区。这里临近地铁二号线终点站，距浦东新机场和市中心均为10千米，投资环境优良，基础配套设施齐全。

原材料采用汽车运输，运输量不大，对道路要求不高；每月用水150吨左右，用电80千瓦，一般投资环境均能满足；厂房及办公用房面积为500平方米，生产车间的卫生、温度、湿度等技术要求容易达到。

6.3 项目进度（图5-1）

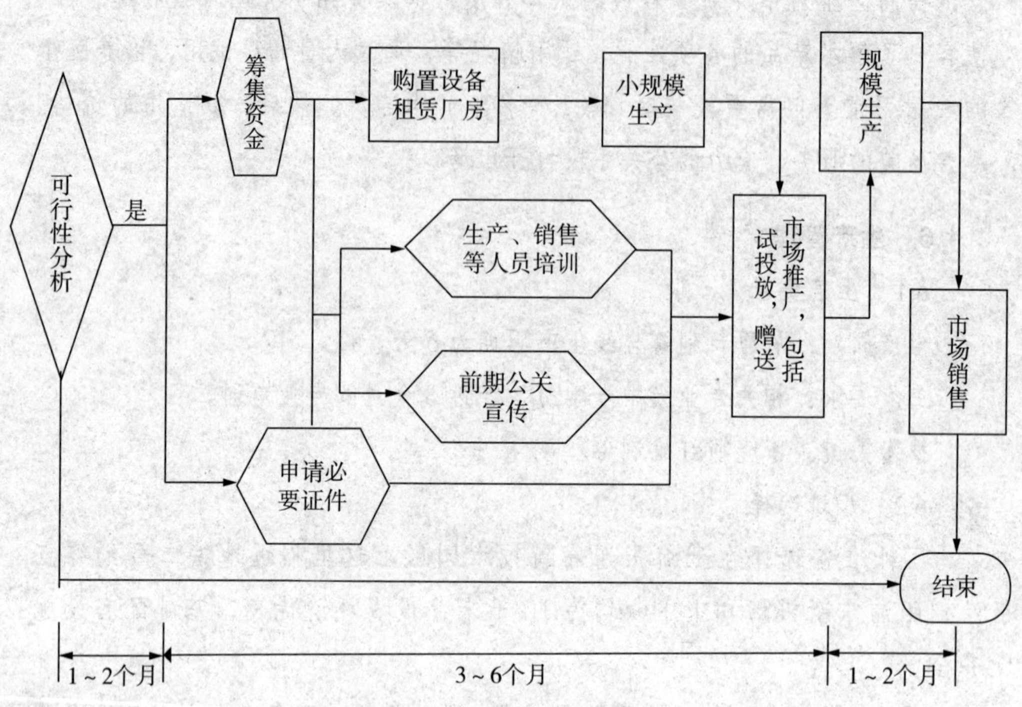

图5-1 项目进度示意图

6.4 生产工艺流程

6.4.1 原材料

医用甲壳质缝合线以甲壳质为原料；溶剂使用氯化锂、二甲基乙酰胺、N-甲基吡咯酮；凝固剂有水、丙酮、无水乙醇。

6.4.2 生产设备（表5-1）

表5-1 生产设备一览表

设　备	制丝设备	纺丝设备	精制设备	回收设备	加捻机	编织机	倒筒机	涂层机	包装机	远红外烘干机	无菌室
来源	设备入股	国产	国产	国产	国产	美国/中国	西班牙	国产	美国/中国	国产	国产
台数/台		1	1	1	1	100/350	1	1	1	1	1
单价/万元		150	10	30	8	2/0.35	1	8	50/（USD）150(RMB）	15	30
金额/万元	100	150	10	30	8	**200	1	8	**150	15	30
合计/万元	100	602									

注：** 这里对编织机要求较高，按进口价格计算；包装机国产即可；机器价格包括购价、运费、安装调试费等。

6.4.3 生产工艺流程（图5-2）

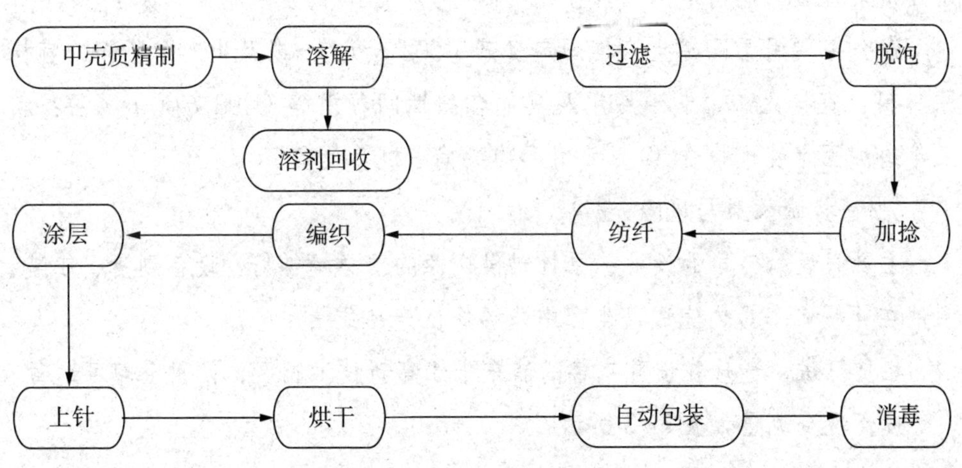

图5-2 生产工艺流程

7 投资分析

7.1 股本结构与规模

公司注册资本1200万元。股本结构和规模如表5-2所示。

表5-2 股本结构和规模

股本来源 股本规模	风险投资	东华大学		
		技术入股	资金入股	设备入股
金　额	700万元	300万元	100万元	100万元
比　例	58.33%	25.00%	8.33%	8.33%

股本结构中，东华大学技术及资金入股占总股本的33.33%，风险投资方面，我们打算引入2～5家风险投资共同入股，以利于筹资，化解风险，并为以后可能的上市做准备。

7.2 资金来源与运用

公司初期需要外借资金300万元（金融机构一年期借款，利率5.85%），用作流动资金，同时考虑到合理的负债比例，公司的资产负债比为1∶5。

资金主要用于购建生产性固定资产（602万元），以及生产中所需的直接原材料、直接人工、制造费用及其他各类期间费用等（498万元）。（注：第三年追加固定资产投资70万元用于购买编织机等设备）

7.3 投资收益与风险分析

主要假设：公司的设备、原材料供应商的信誉足够好，设备到货、安装、调试在4～6个月内完成，生产中能够保证产品质量。

租赁厂房，选址在设施完善的浦东张江高新技术园区，付租金即可运营。

投资现金流量如表5-3所示。

表 5-3 投资现金流量表 单位：万元

项　目	初　期	第一年	第二年	第三年	第四年	第五年
固定资产投资	602.00			70.00		
流动资金	498.00					
销售收入		1000.00	3250.00	5750.00	7250.00	8750.00
– 变动成本		641.73	1242.66	1772.00	2230.08	2639.79
– 固定成本		509.55	888.00	1294.00	1540.00	1836.00
税前利润	0.00	–151.28	1119.34	2684.00	3479.92	4274.21
– 税收		0.00	0.00	0.00	260.99	320.57
税后利润	0.00	–151.28	1119.34	2684.00	3218.93	3953.64
+ 折旧		86.00	86.00	96.00	96.00	96.00
+ 无形资产摊销		15.00	15.00	15.00	15.00	15.00
净现金流量	–1100.00	–50.28	1220.34	2795.00	3329.93	4064.64

注：前半年为建设期（初期），后半年即投入生产，均记入第一个会计年度。

7.3.1 投资净现值

$$\sum_{t=1}^{n}(CI-CO)_t(1+i)^{-t}$$

NPV=6760.97（万元）

银行短期借款（1 年期）利率为 5.85‰ 长期借款利率为 5.92%（以 99 年 8 月为准）。考虑到目前资金成本较低，以及资金的机会成本和投资的风险性等因素，i 取 10%（下同），此时，NPV=6760.97（万元），远大于零。计算期内盈利能力很好，投资方案可行。

7.3.2 投资回收期

通过净现金流量、折现率、投资额等数据用插值法计算，投资回收期为二年零一个月，投资方案可行。

回收期＝累计净现值出现正值年数 -1+（未收回现金 / 当年现值）

7.3.3 内含报酬率

根据现金流量表计算内含报酬率如下：

$$NPV(IRR) = \sum_{t=1}^{n} (CI - CO)_t (1 + IRR)^{-t} = 0 \qquad IRR=92\%$$

内含报酬率达到 92%，远大于资金成本率 10%，主要因为本产品优质低价，使得销售利润率较高，而且，前 5 年内市场增长性很好。

7.3.4 项目敏感性分析

公司在销售收入、投资、经营成本上存在来自各方面的不确定因素，我们对三者按提高 10% 和降低 10% 的单因素变化做敏感性分析（表 5-4）。

表 5-4 项目敏感性分析

项 目	投 资		经营成本		销售收入	
	–10%	+10%	–10%	+10%	–10%	+10%
内含报酬率	98%	86%	103%	79%	75%	108%
投资回收期（年）	2.01	2.12	1.88	2.27	2.30	1.83

公司对销售收入的提高和降低最为敏感，经营成本次之。在变化 ±10% 范围内，内含报酬率仍然高达 75%，说明能承担风险，具有一定可靠性。

7.3.5 盈亏平衡分析

公司在第一年由于赠送量大而未达到保本点，其余几年均大大超过保本点（表5-5）。

表5-5 保本点分布

项目＼年份	第一年	第二年	第三年	第四年	第五年
保本点（万根）	56.89	57.50	74.82	88.96	105.17

7.3.6 投资回报

根据对未来几年公司经营状况的预测，公司能保持较高的利润增长，拟从净利润中提取合理比例的资金作为股东回报。为此，公司第一年不分红，第二年以后每年分红为净利润的30%。

8 财务分析

8.1 会计报表及附表

8.1.1 主要财务假设

公司设在上海市浦东张江高科技园区，被有关部门认定为高新技术企业，享受“三免三减半”的税收优惠政策。即在公司成立的前三年免征所得税，第四年至第六年所得税税率为7.5%，正常税率为15%。

存货控制采用先进先出，机器设备估计使用寿命7年，期末无残值，按直线折旧法计算。

公司第一年不分红，第二年起按净利润的30%分红。

8.1.2 收益表（表5-6）

表5-6 收益表　　单位：万元

项　目	第一年	第二年	第三年	第四年	第五年
一、产品销售收入	1000.00	3250.00	5750.00	7250.00	8750.00
减：产品销售成本	393.73	650.66	666.00	770.08	875.79
产品销售费用	520.00	1200.00	2000.00	2500.00	3000.00
二、产品销售利润	86.27	1399.34	3084.00	3979.92	4874.21
减：管理费用	220.00	280.00	400.00	500.00	600.00
财务费用	17.55	0.00	0.00	0.00	0.00
三、利润总额	–151.28	1119.34	2684.00	3479.92	4274.21
减：所得税	0.00	0.00	0.00	260.99	320.57
四、净利润	–151.28	1119.34	2684.00	3218.93	3953.64

注：由于行业特殊性，本产品研发费用、销售费用（包括赠送产品和建立销售网络）远高于一般行业。

8.1.3 现金流量表（表5-7）

表5-7 现金流量表　　单位：万元

项　目	第一年	第二年	第三年	第四年	第五年
一、经营活动产生的现金流量					
销售商品、提供劳务收到的现金	955.00	3216.25	5718.50	7234.20	8736.30
现金流入小计	955.00	3216.25	5718.50	7234.20	8736.30
购买商品、接受劳务支付的现金	241.92	419.36	442.64	526.46	609.80
经营租赁所支付的现金	20.00	20.00	20.00	20.00	20.00

（续上表）

项　　目	第一年	第二年	第三年	第四年	第五年
支付给职工的现金	96.00	102.00	115.00	135.50	152.00
支付的所得税	0.00	0.00	0.00	260.99	320.57
支付其他与经营活动有关的现金	728.56	1528.63	2383.89	2985.12	3590.39
现金流出小计	1086.48	2069.99	2961.53	3928.07	4692.75
经营活动产生的现金流量净额	–131.48	1146.27	2756.98	3306.13	4043.55
二、投资活动产生的现金流量					
购建固定资产所支付的现金	602.00	0.00	70.00	0.00	0.00
投资活动产生的现金流量净额	–602.00	0.00	–70.00	0.00	0.00
三、筹资活动产生的现金流量					
吸收权益性投资所收到的现金	800.00	0.00	0.00	0.00	0.00
借款所收到的现金	300.00	0.00	0.00	0.00	0.00
现金流入小计	1100.00	0.00	0.00	0.00	0.00
偿还借款所支付的现金	300.00	0.00	0.00	0.00	0.00
分配股利所支付的现金	0.00	290.42	805.20	965.68	1186.09
偿付利息所支付的现金	17.55	0.00	0.00	0.00	0.00
现金流出小计	317.55	290.42	805.20	965.68	1186.09
筹资活动产生的现金流量净额	782.45	–290.42	–805.20	–965.68	–1186.09
四、现金及现金等价物净增加额	48.97	855.85	1881.78	2340.45	2857.46

8.1.4 资产负债表（表5-8）

表5-8 资产负债表年报 单位：万元

资产	第一年	第二年	第三年	第四年	第五年	负债及权益	第一年	第二年	第三年	第四年	第五年
流动资产						流动负债					
货币资金	48.97	904.82	2786.60	5127.05	7984.51	应付账款	19.76	23.19	26.76	35.29	44.50
应收账款	56.25	90.00	121.50	137.30	151.00	短期借款	0.00	0.00	0.00	0.00	0.00
减：坏账准备	0.94	1.50	8.62	10.87	13.12	负债合计	19.76	23.19	26.76	35.29	44.50
应收账款净额	55.31	88.50	112.88	126.43	137.88						
存货	63.20	107.51	124.72	143.50	162.35						
流动资产合计	167.48	1100.83	3024.20	5396.98	8284.74						
固定资产											
固定资产原价	702.00	702.00	772.00	772.00	772.00						
减：累计折旧	86.00	172.00	268.00	364.00	460.00	所有者权益：					

（续上表）

固定资产净值	616.00	530.00	504.00	408.00	312.00	实收资本	1200.00	1200.00	1200.00	1200.00	1200.00
无形资产	300.00	300.00	300.00	300.00	300.00	盈余公积	0.00	300.00	500.00	800.00	1000.00
减：累计摊销	15.00	30.00	45.00	60.00	75.00	未分配利润	-151.28	377.64	2056.44	4009.69	6577.24
无形资产净值	285.00	270.00	255.00	240.00	225.00	所有者权益合计	1048.72	1877.64	3756.44	6009.69	8777.24
资产合计	1068.48	1900.83	3783.20	6044.98	8821.74	负债及权益合计	1068.48	1900.83	3783.20	6044.98	8821.74

注：应收账款按当季销售收入的 30% 定，其中 70% 当季收回，剩余 30% 下季收回。

坏账准备按当季应收账款发生额的 0.5% 提存货控制采用先进先出；机器设备估计使用寿命 7 年，期末无残值，按直线折旧法计算。

应付账款按当季材料采购额的 20% 提，下季付款。

8.2 会计报表分析

重要报表数据提示：

5 年销售收入（万元）：1000.00，3250.00，5750.00，7250.00，8750.00；

5 年净利润（万元）：-151.28，1119.34，2684.00，3218.93，3953.64；

达到正现金流所需时间：8 个月；

达到收支平衡所需时间：14 个月。

8.2.1 比率及趋势分析（表 5-9）

表 5-9 比率趋势分析表 单位：%

项　　目	第一年	第二年	第三年	第四年	第五年
销售利润率	—	33.67	46.67	44.39	45.18
基本盈利能力	—	75.39	94.44	70.81	57.50
资产报酬率	—	75.39	94.44	65.50	53.19
净资产收益率	—	59.58	71.45	53.56	45.04
投资利润率	—	96.97	231.81	300.55	369.15

8.2.2 预计销售趋势分析（图 5-3）

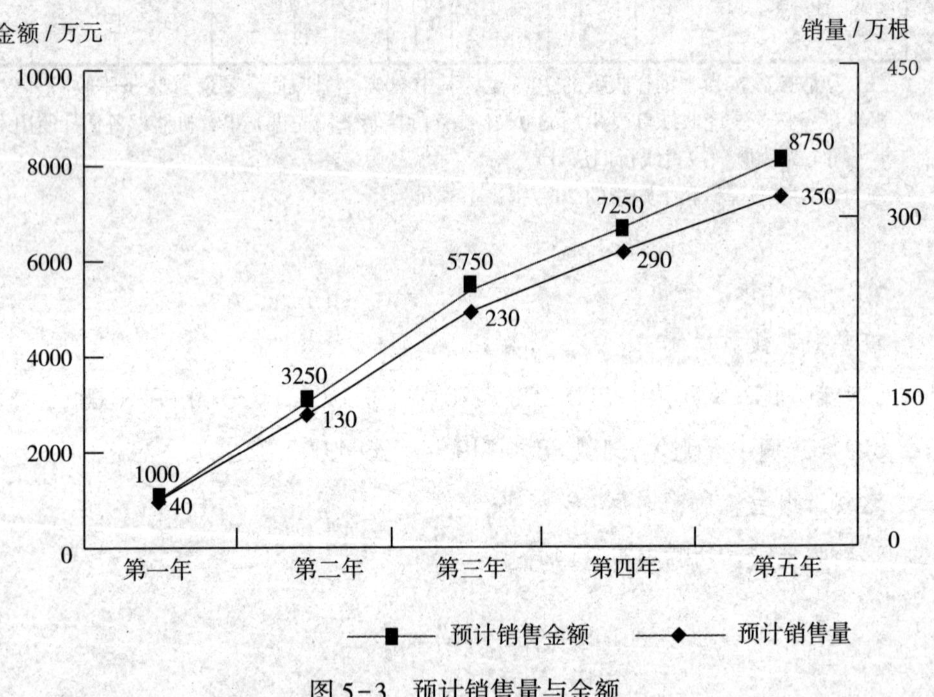

图 5-3 预计销售量与金额

注：从销售趋势图可至第五年后销售量及销售收入增长趋于平缓，因而销售利润率基本保持在45%左右。

收益表显示公司的经济利润在后三年比较高，是因为在预测和报表中使用固定预算，如果考虑弹性预算，销售收入受市场变动的影响，如竞争者加入或产品降价等，则销售利润会比预算数据低。具体考虑在风险假定与分析中。

8.2.3 风险假定与分析

由于在财务预测中，没有考虑弹性分析，假定价格定在30元/根（含税）的基础上，销售利润较高。变动成本占收入的38.23%，现假设由于经济利润较高，使得潜在竞争者的加入，争夺市场份额；公司经营达不到预期的销售。这些因素都会对公司的销售收入造成比较大的影响。具体价格、销量、成本每年的可变化空间如表5-10所示：

表5-10 风险变动分析表

项　目	类　别	第一年	第二年	第三年	第四年	第五年
价格/元	实际数	25.00	25.00	25.00	25.00	25.00
	临界值	28.78	16.39	13.33	13.00	12.79
销量/万根	实际数	40.00	130.00	230.00	290.00	350.00
	临界值	46.05	85.23	122.64	150.80	179.03
变动成本/万元	实际数	659.28	1242.66	1772	2230.08	2639.79
	临界值	490.45	2362.00	4456.00	5710.00	6914.00

将各因素实际数与临界值比，可见销售量每年变化到如表数据的临界点仍可以保本，达到盈亏平衡。最低售价为12.50元左右，变动成本允许有较大的增长。因此，公司在各方面能承担一定的不确定性风险。

9 管理体系

9.1 公司性质：有限责任公司

9.2 组织形式

公司初期拟采取直线制的组织形式，如图 5-4 所示。

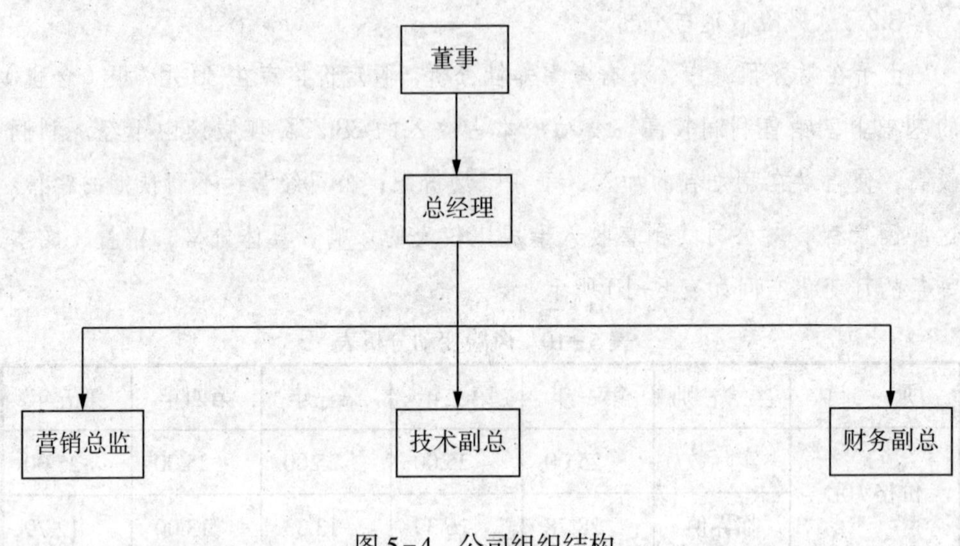

图 5-4 公司组织结构

9.3 部门职责

董事会：由公司的大股东组成，属于决策层，负责制定公司的总体发展战略，决定总经理的人选。

总经理：负责公司的日常经营事务，对董事会负责，决定副总经理和部门经理的人选，协调各部门之间关系。

营销副总经理：负责公司总体的营销活动，决定公司的营销策略和措施，并对营销工作进行评估和监控，包括市场分析、广告、公共关系、销售、客户服务等。领导全国区域销售代表与各地代理商和经销商进行市场开拓与销售，在公司发展成熟后，分设市场、公关、销售、客户服务部。

技术副总经理：负责生产、技术、R&D 等，控制从原料到产品的整个生产管理过程，处理与产品有关的技术问题。领导由公司出资在大学里设立的虚拟 R&D 机构，负责产品的研究与开发工作，拓展产品线的广度和深度。领导采购部、生产部和研究开发部，协调生产和销售的矛盾。

财务经理：负责公司资金的筹集、使用和分配，如财务计划和分析、投资决策、资本结构的确定，股利分配等。负责日常会计工作与税收管理，每个财政年度末向总经理汇报本年财务情况并规划下年财务工作。

9.4 创新机制

本公司着眼发展以下几个方面的创新。

（1）机制创新：采用期权制，将给公司经营管理或技术研究开发的关键人员适当的期权；给员工优先参股权；采用全员质量管理（TQM）；建立公司人才资源库，为员工提供接受培训和再教育的机会。

（2）技术创新：利用社会现有的人才资源，通过与高校、研究机构等合作的形式，设立虚拟 R&D 部门，进行技术创新。

（3）观念创新：技术是第一生产力，搞好技术创新，树立整合营销观念，形成“产、销、研”一体化；搞好企业内部、外部、代理商与经销商和各层客户之间的合作关系。

文化创新：以绿色为主旋律，倡导员工的团队精神和创新意识。

10 机遇与风险

10.1 机遇

国产羊肠线无法满足医用要求，PGA 类缝合线产品价格太高。

国家对技术创新的鼓励政策相继出台，使得外部政策环境相对宽松。

国家重视研究新的生物医药产品，甲壳质材料前景广阔。

浦东张江即将定位为“药谷”和“软件园”，投资环境适合生物医药产业的发展。

我国不久即将加入 WTO，使进入国外市场更具优势。

10.2 外部风险

国家对医疗器械的生产、销售、检验、广告等政策的影响。

能否进入医疗保险范围，将对医院大量采用有重要影响。

经销商销售能力不确定性与倒戈的风险。

集团市场购买决策过程复杂，产品对推销技巧要求比较高。

潜在竞争者的加入。

高新技术发展很快，生命周期缩短，被替代的可能性加大：

资源供应商自身的风险。

银行借款风险。

10.3 内部风险

新技术营销策略的不确定性造成选择上的模糊与困难。

竞争对手的策略改变，应付策略上的不确定性。

价格在一定程度上影响进入低收入水平缝合线市场的营销策略。

纯生物产品，可能使极少数高敏患者产生过敏（尚未得到证实）。

10.4 解决方案

熟悉该行业的法律法规：

具备医学与销售专业知识的推销人员，建立方便及时的销售网络。

提高 R&D 费用，强化产品的技术优势。

多元化经营，化解对单一产品组合的依赖性风险。

建立及时有效的信息反馈渠道，随时了解市场动态。

11 风险资本的退出

风险资金退出的成功与否关键取决于公司的业绩和发展前景。

11.1 撤出方式

风险投资的退出方式一般有 3 种：首次公开上市（IPO）、收购和清算。

其他国家的实践表明，首次公开上市（IPO）收益最高。许多运作成功的风险投资都追求以此种方式退出。我们设计了3种可能的方案。

（1）A股市场上市。在适当的时候，公司可以和产业方向相近的公司进行资产重组，达到在国内A股市场上市的条件，或者和上市公司进行资产重组，借壳上市。

（2）海外二板市场上市。公司属于有发展前景和增长潜力的中小型高新技术企业，可争取在香港二板市场上市。另外，也可以考虑美国NASDAP市场等海外的二板市场。

（3）国内二板市场上市。《中共中央国务院关于加强技术创新发展高科技实现产业化的决定》提出："在做好准备的基础上，适当时候在现有的上海，深圳证券交易所专门设立高新技术企业板块。"如果国内设立了二板市场，公司也可以争取在国内二板市场上市。

就目前资本市场的现状而言，收购（项目整体转让）方式比较适合本公司。

收购方除继续发展缝合线等医用产品外，可拓宽产品领域，涉足甲壳质系列衍生产品的生产，形成以甲壳质材料为核心的多元化经营模式。这些对有投资意向的投资家或企业很有吸引力。另外，随着公司规模的扩大，若被有实力和管理经验的大公司收购，我们将能更好地完善管理体系，有助于推动公司的发展。

另外，通过协议的方式，风险投资方转让部分的股权也是一种可操作性较强的退出方案。

11.2 撤出时间

如果在二板市场上市，最好争取在2～3年上市。因为二板市场一般对管理层抛售股票的时间、份额有严格的规定。其他几种方式，风险资金在第3～5年退出较合适。

一般来说，公司未来投资的收益现值高于公司的市场价值时，是风险投资撤出的最佳时机。因此，从撤资的时间和公司发展的角度考虑，第3～5年时，公司经过了导入期和成长期，已完成一部分新产品和相关产品的开发，发展趋势很好；同时，公司在国内的医疗界树立了良好的形象，产品将有相当的知名度，此时退出可获得丰厚的回报。

6

第六章　创办新企业

创业者组建了创业团队，通过市场调研和分析找到了创业机会，制订了创业计划，获得了创业启动资金，协调好了内外部关系之后，就可以开始成立新企业了。从某种意义上说，成立新企业是创业过程最关键的环节，因为与创业过程的其他环节相比，成功创建新企业更能突出地体现创业的成果，通过参加创业竞赛等创新创业实践活动，提高大学生创新创业能力。

微信扫 回复JF1

第一节 企业设立的一般程序

建立一个新企业是大多数创业者进入市场的首选方式。在创业之初，是单干还是合伙，抑或选择其他组织形式？对于所有准备创业的人来说，是首先要考虑和解决的问题。创业者应该根据自己的实际情况，选择不同的企业形式。

一、新创企业的类型

（一）个人或家庭创建新企业

这类新创企业的所有者为个人或者家庭，所有者集企业出资者与经营者的身份于一身，并在企业经营活动中处于经营决策者和指导者的地位，既决定着企业生存与发展的方向，又担负着日常经营管理等事务性工作的企业管理。根据所有者及其家庭成员参与程度的不同，这类企业又可分为完全个人创业型企业和家庭参与创业型企业两种。

1．个人或家庭创建新企业的类型

（1）完全个人创业型企业。企业所有者为个人，所有者独自创办企业并始终作为企业经营者全面管理企业，家庭成员及外部人员不参与日常经营管理活动。这种类型的企业的经营活动完全由所有者个人控制，他人基本无法介入企业的日常经营活动。其特点是企业对市场变化的反应较快，能较迅速地把握商机，做出经营决策。

（2）家庭参与创业型企业。企业管理所有者为个人及其家庭，家庭投资创办企业并在企业创办初期由主要投资者个人承担经营职责，其他成员在企业度过生存危机之后开始参与企业经营管理，主要承担部分或大部分管理职责。这类企业的特点在于，企业的经营决策权依然掌握在某个人手中，但日常经营管理事务则部分或大部分转交给家庭成员。随着企业的不断发展，其家庭成员参与企业经营管理的程度也日益加深，但通常仍局限于日常经营管理。

2. 个人或家庭创建新企业方式的优缺点

个人或家庭创建新企业的优点是：经营管理上的制约因素少，创业者可以按照自己的意愿进行经营管理；经营者拥有完全决策权，可以按照市场变化及时调整生产和经营，处理问题快捷简便；不需要向企业外部公布企业管理信息，企业信息完全保密；可以按法律规定享受税收优惠。在个人独资企业中，由于企业所得即为个人所得，所以可以免收个人所得税；企业的全部利润归创业者所有。

个人或家庭创建新企业的缺点是：企业注册资金少，抗风险能力差；经营状况受个人经营能力的影响大；融资难度大，较难获得银行贷款；承担无限责任，一旦经营失败，企业财产无法清偿债务时，创业者的个人财产也要用来清偿债务。

（二）合伙创建新企业

合伙企业是指自然人、法人和其他组织依照《中华人民共和国合伙企业法》在中国境内设立的，由两个或两个以上的自然人通过订立合伙协议，共同出资经营、共负盈亏、共担风险的企业组织形式。合伙企业可以由部分合伙人经营，其他合伙人仅出资并共负盈亏，也可以由所有合伙人共同经营。

1. 合伙企业的类型

合伙企业包括普通合伙企业和有限合伙企业。普通合伙企业由 2 人以上普通合伙人（没有上限规定）组成，合伙人对合伙企业债务承担无限连带责任。有限合伙企业由 2 人以上 50 人以下的普通合伙人和有限合伙人组成，其中普通合伙人至少有 1 人；当有限合伙企业只剩下普通合伙人时，应当转为普通合伙企业；当只剩下有限合伙人时，应当解散。普通合伙人对合伙企业债务承担无限连带责任；有限合伙人以其认缴的出资额为限对合伙企业债务承担责任。

2. 合伙企业的特征

（1）生命有限。合伙企业比较容易设立和解散。合伙人签订了合伙协议，就宣告合伙企业的成立。新合伙人的加入，旧合伙人的退伙、死亡、自愿清算、破产清算等，均可造成原合伙企业的解散以及新合伙企业的成立。

（2）责任无限。合伙组织作为一个整体对债权人承担无限责任。按照合伙人对合伙企业的责任，合伙企业可分为普通合伙和有限合伙。普通合伙的合伙人均为普通合伙人，对合伙企业的债务承担无限连带责任。有限责任合伙企业由一个或几个普通合伙人和一个或几个责任有限的合伙人组成，即合伙人中至少有一个人要对企业的经营活动负无限责任，而其他合伙人只能以其出资额为限对债务承担偿债责任，因而这类合伙人一般不直接参与企业经营管理活动。

（3）相互代理。合伙企业的经营活动由合伙人共同决定，合伙人有执行和监督的权力。合伙人可以推举负责人，合伙负责人和其他人员的经营活动，由全体合伙人承担民事责任。换言之，每个合伙人代表合伙企业所发生的经济行为对所有合伙人均有约束力。因此，合伙人之间较易发生纠纷。

（4）财产共有。合伙人投入的财产由合伙人统一管理和使用，不经其他合伙人同意，任何一个合伙人不得将合伙财产移作他用。只提供劳务，不提供资本的合伙人仅有权分享一部分利润，而无权分享合伙财产。

（5）利益共享。合伙企业在生产经营活动中所取得、积累的财产，归合伙人共有；如有亏损，则亦由合伙人共同承担。损益分配的比例，应在合伙协议中明确规定；未经规定的可按合伙人出资比例分摊或平均分摊。以劳务抵作资本的合伙人，除另有规定者外，一般不分摊损失。

3. 创建合伙企业的注意事项

为了避免经济纠纷，在合伙企业成立时，合伙人应首先订立合伙协议，其性质与公司章程相同，对所有合伙人均有法律效力。合伙协议一般包括以下内容：合伙企业的名称（或字号）、所在地及地址；合伙人的姓名及其家庭地址；合伙企业的经营以及设定的存续期限；合伙企业的设立日期；合伙人的权利和义务；合伙人的投资形式及其计价方法；合伙的退伙和入伙的规定；损益分配的原则和比率；付给合伙人贷款的利息；付给合伙人的工资；每个合伙人可以抽回的资本；合伙人死亡的处理以及继承人权益的确定；合伙企业结账日和利润分配日；合伙企业终止以及合伙财产的分配方法；其他需经全体合伙人同意的事项。

二、新创企业设立的具体程序

（一）企业登记注册

我国《公司法》在其有关条款中对公司登记做了具体规定，并于 1994 年 6 月颁布了《中华人民共和国公司登记管理条例》，并于 2005 年、2014 年分别进行了修订，明确规定有限责任公司和股份有限公司的设立、变更和终止，都应该依照该条例办理登记。企业法人登记注册事项主要包括：名称、住所、经营场所、法定代表人、经济性质、经营范围、经营方式、注册资金、从业人数、经营期限、分支机构等。

（二）员工招聘与培训

在公司开业前，需要招聘第一批员工，并对员工进行必要的培训。

1. 员工招聘

（1）员工招聘的程序。招聘是一个连续的过程，包括制订招聘计划、发布招聘信息、接待和甄别应聘人员、发出录取通知书。

1）制订招聘计划。招聘计划应该包括招聘目的、招聘职务描述、招聘标准和条件、招聘对象的来源、传播招聘信息的方式、招聘组织人员、参与面试人员、招聘时间、新员工入职时间、招聘经费预算等。

2）发布招聘信息。发布招聘信息是利用各种传播工具发布职位信息，鼓励和吸引人员参加应聘。企业根据面向内部或外部的不同招聘对象，选择最有效的发布媒体和渠道传播信息。发布招聘信息时要有明确的潜在应聘对象，招聘内容要求正确描述职位的特点、应聘者必备的条件，以及有关应聘的方法、需要提供的应聘资料等。

3）接待和甄别应聘人员。接待和甄别阶段是在招聘当中对职位申请人的选拔过程。招聘人员一般首先要审查申请表，初步筛选出那些满足最低应聘条件的人员；然后安排候选人面谈，参加各种必要的测试，对通过测试的应聘者进行背景调查；再从中优选出应聘人员接受主管经理或高级行政管理人员的面谈；最后通知合格人员做健康检查。这个阶段对应聘人员的评价必须客观公正，这是控制招聘效率的关键。

4）发出录用通知书。在这一阶段，招聘人员与正式受聘人共同签订劳动合同，并向其发出上班试工的通知，通知中应写明上班时间、地点与报到部门。

（2）招聘员工的来源。招聘员工的具体来源很多，主要包括：

1）直接的求职者和被推荐者。直接的求职者是指那些得到企业明确的招聘信息后，直接申请某一职位的人。被推荐者是指那些企业内部人员或熟人推荐而申请职位空缺的人。对新创企业来说，这两类来源往往是很有利的，他们有可能成为可供挑选的最优资源。

2）通过报纸和期刊广告招聘。通过做广告来招聘人员是一种很普遍的方式。尽管这种方式要比采用直接申请或挑选的方式来填补所有职位空缺花费的费用要高，合适的人选要少，但一些形式的广告还是必需的。

3）普通人才中介机构。在我国的很多城市都有大量的人才中介机构，这些机构规模不等，性质也不同。有些机构规模较大，覆盖的行业和范围比较广泛；有的机构规模较小，覆盖的地区和涉及的行业比较有限。其中有些大机构已经建立起自己较完善的网络，创业者也可以通过互联网与它们联系。

4）大型人才交流会。一些劳动力中介机构和有关大型活动场所往往会在周末举办大型的人才交流会。对很多新创企业来说，这种人才交流会也是招聘员工的主要途径。

5）猎头公司。猎头公司是一种特殊的人才中介机构，“猎头”招聘来源往往与这里所谈的其他招聘来源有很大不同。它们所做的工作是“挖人”和“推荐人”，与这些公司发生关系的几乎全是有工作的人，而且一般都是专业人士和职业经理。这往往是创业者获得杰出人才的一种方式。

6）高等院校。一些小型企业的创业者一般很少会到高等院校去招聘工作人员，一个原因是小型企业往往不能等到把一个大学毕业生培养成为合格的工作人员再来用他，而且刚毕业的学生跳槽的可能性非常大。

2. 员工培训

新员工被企业录用以后的第一件事就是熟悉组织环境，掌握工作要求和工作技能。企业会将他们介绍给同事和领导，使他们能尽快担当起企业分配的任务。通常在招聘过程中，被录用的员工已经对企业的性质、声誉、产品或服务的类型有所了解，同时，企业也会向他们介绍企业的总体情况以及工作的条件和职责、薪金、福利待遇等。此外，在新员工进入企业后，同事、领导会向他们说明企业内部的一些情况。但是，所有这些信息都比较粗略，甚至有时候会产生误导，因此对新员工的培训就显得格外重要。一个有效的培训计划会对新员工产生及时的和长久的良好影响，并成为新员工走向成功的起点。新员工培训包括两个主要层次：公司层次的一般培训，内容是与所有员工相关的共同问题；部门层次的岗位培训，内容针对新员工的具体部门和具体工作。

（三）设备安装与调试

在确定了开业日期后，在正式投产前，应该对设备进行调试与试生产，检查设备运行状态，验证工艺，以便调整。

（四）开业典礼

对于开业典礼，创业者需要做好充分的准备。首先，这一天需要生产出合格的产品，并保证工艺与设备运行正常，这样能够给创业者极大的信心。同时，可以邀请有关人士，如政府官员、用户、媒体参加开业典礼，以加强新创企业与社会各界的联系，扩大企业的社会影响。

第二节　新创企业的组织形式

选择适当的企业形式是创业过程中非常重要的一环，不同的企业形式意味着需要不同的启动条件和资金需求。选择一种合理合法的企业组织形式是一个复杂的问题，如果创业者最初选择的企业组织形式不再适合企业的发展，也可以在企业经营过程中择时变更企业的组织形式。

一、企业组织形式

企业的组织形式，根据不同的标准有不同的分类。按照投资主体划分，可将企业分为国有企业和非国有企业；按照承担的职能划分，可将企业分为竞争型企业和非竞争性企业；按照是否独立享有权利、承担义务和责任划分，可将企业分为法人企业和非法人企业。

这里讲的企业的组织形式也叫企业的法律形态，是指企业财产及其社会化大生产的组织形态，它表明一个企业的财产构成、内部分工协作与外部社会经济联系的方式。开办新企业不能随心所欲任意塑造企业形态，只能选择法律规定的企业组织形式。新创企业可选择的组织形式主要有：公司制企业、合伙企业、个人独资企业。其中，公司制企业包括有限责任公司和股份有限公司。

（一）有限责任公司

有限责任公司是指依照《中华人民共和国公司法》（以下简称《公司法》）在中国境内设立的有限责任公司和股份有限公司。《公司法》是为了规范公司的组织和行为，保护公司、股东和债权人的合法权益，维护社会经济秩序，促进社会主义市场经济的发展而制定的，于 1993 年 12 月 29 日第八届全国人民代表大会常务委员会第五次会议通过，并于 1999 年、2004 年、2005 年多次进行修正。现行《公司法》由全国人民代表大会常务委员会于2013年12月28日发布，2014年3月1日起实施。

1. 有限责任公司的定义

有限责任公司是指由一定人数的股东组成的，股东只以其出资额为限对公司承担责任，公司只以其全部资产对公司债务承担责任的公司。

2. 有限责任公司的特征

（1）有限责任公司是企业法人，有独立的法人财产，享有法人财产权。

（2）有限定的股东人数，有限责任公司的股东人数为50人以下。

（3）有限责任公司以其全部财产对公司债务承担责任。

（4）有限责任公司的股东以其认缴的出资额为限对公司承担责任。

（5）有限责任公司股东共同制定公司章程。

3. 设立有限责任公司的基本条件

（1）股东符合法定人数。有限责任公司由50个以下股东出资设立，一个自然人或者一个法人也可以单独设立有限责任公司。

（2）股东注册资本认缴达到法定最低限额。

（3）股东共同制定公司章程。

（4）有公司名称，建立符合有限责任公司要求的组织机构。

（5）有公司住所，是法定的注册地址。

一人有限责任公司（简称“一人公司”“独资公司”或“独股公司”），是指只有一个自然人或一个法人股东（自然人或法人），持有公司全部出资的有限责任公司。一人有限责任公司是独立的企业法人。一个自然人只能投资设立一个有限责任公司。一人有限责任公司的股东，不能证明公司财产独立于股东自己的财产的，应当对公司债务承担连带责任。一人有限责任公司应在公司登记中注明自然人独资或者法人独资，并在营业执照中载明：一人有限责任公司。一人有限责任公司有两个基本法律特征，一是股东人数的唯一性，二是股东责任的有限性。

（二）股份有限公司

1. 股份有限公司的定义

股份有限公司是指将全部资本分为等额股份，股东以其所认购的股份为限对公司承担责任，公司以其全部资产对公司债务承担责任的公司。

2. 股份有限公司的基本特征

（1）股份有限公司是独立的企业法人，有独立的法人财产，享有法人财产权。

（2）股份有限公司的发起人数不得少于法律规定的数目，应为 2 人以上 200 人以下。

（3）股份有限公司的股东对公司债务负有限责任，其限度是股东应交付的股金额。

（4）股份有限公司以全部资产对公司债务承担责任。

（5）股份有限公司的设立采取发起人设立或募集设立的方式，其全部的资本划分为等额的股份，可通过向社会公开发行的办法筹集资金，任何人在缴纳了股款之后，都可以成为公司股东，没有资格限制。

（6）公司股份可以自由转让，但不能退股。

（7）公司账目须向社会公开，以便于投资人了解公司情况，进行选择。

（8）股份有限公司的股东共同制定公司章程。

（9）公司设立和解散有严格的法律程序，手续比较复杂。

3. 设立股份有限公司的基本条件

（1）发起人符合法定的资格，达到法定的人数。

（2）发起人认缴和向社会公开募集的股本达到法定额度。发起人可以用货币出资，也可以用实物、工业产权、非专利技术、土地使用权作价出资。发起人以货币出资时，应当缴付现金。发起人以货币以外的其他财产权出资时，必须进行评估作价，核实财产，并折合为股份，且应当依法办理其财产权的转移手续，将财产权转归公司所有。

（3）采取发起方式设立的，注册资本为在公司登记机关登记的全体发起人认购的股本总额。法律法规另有规定的，从其规定。

（4）股份发行、筹办事项符合法律规定。

（5）发起人制定公司章程，并经创立大会通过。

（6）有公司名称，建立符合公司要求的组织机构。

（7）有固定的生产经营场所和必要的生产经营条件。

（三）合伙企业

1. 合伙企业的定义

合伙企业是指自然人、法人和其他组织依照《中华人民共和国合伙企业法》，在中国境内设立的，由两个或两个以上的自然人通过订立合伙协议，共同出资经营、共负盈亏、共担风险的企业组织形式。我国合伙组织形式仅限于私营企业。合伙企业无法人资格。合伙企业包括普通合伙企业和有限合伙企业。合伙企业由普通合伙人（没有上限规定）组成，合伙人对合伙企业债务承担无限连带责任。

2. 合伙企业的特征

（1）合伙企业的设立主体包括自然人、法人和其他组织。

（2）合伙人承担连带责任，即所有的合伙人对合伙企业的债务都有责任向债权人偿还，不管自己在合伙协议中所承担的比例如何，一个合伙人不能清偿对外债务时，其他合伙人都有清偿的责任，但当某一合伙人偿还合伙企业的债务超过自己所承担的数额时，有权向其他合伙人追偿。

（3）合伙人对企业债务承担无限连带责任，即所有的合伙人不以自己投入合伙企业的资金和合伙企业所有的全部资金为限，而以合伙人自己所有的财产对债权人承担清偿责任。

（4）合伙企业要依法签订书面协议，订立的书面协议必须由全体合伙人协商一致。

（5）合伙企业解散时，合伙企业财产的清偿顺序如下：合伙企业所欠招用的职工工资和劳动保险费用，合伙企业所欠税款，合伙企业的债务，返还合伙人的出资。

（6）合伙企业财产按上述顺序清偿后仍有剩余的，则按协议中约定比例分配。如协议中没有约定的，则平均分配。

3. 设立合伙企业的基本条件

（1）有两个以上合伙人，且合伙人为自然人，具有完全民事行为能力，并且都是依法承担无限责任者。

（2）有书面合伙协议。

（3）有各合伙人实际缴付的出资。

（4）有合伙企业的名称和生产经营场所。

（5）法规规定的其他必要条件。

（四）个人独资企业

1. 个人独资企业的定义

个人独资企业是指依照《中华人民共和国个人独资企业法》在中国境内设立，由一个自然人投资，财产为投资人个人所有，投资人以其个人财产对企业债务承担无限责任的经营实体。

2. 个人独资企业的特点

（1）个人独资企业由一个自然人投资设立。

（2）个人独资企业设立要符合国家法律法规明确规定的在场所、资金、人员等方面的条件，是一个独立的企业实体。

（3）个人独资企业投资人的个人财产与企业财产不分离，投资人以其个人财产对企业债务承担无限责任。

（4）个人独资企业是非法人企业。

（5）个人独资企业的出资人可以自行管理企业事务，或委托聘用其他具有民事行为能力的人负责管理企业事务。

（6）个人独资企业规模较小，设立条件比较宽松，设立程序比较简便，开办或退出比较灵活。

3. 设立个人独资企业的基本条件

（1）投资人为一个自然人。

（2）有合法的企业名称。

（3）有投资人申报的资金。

（4）有固定的生产经营场地和必要的生产经营条件。

（5）有必要的从业人员。

二、决定新创企业组织形式的主要因素

企业组织形式反映了企业的性质、地位、作用和行为方式，规范了企业与出资人、企业与债权人、企业与政府、企业与企业、企业与员工等内外部关系。企业只有选择了合理的组织形式，才有可能充分地调动各个方面的积极性，使之充满生机和活力。在决定新创企业的组织形式时，需要考虑如下三个因素：

（一）税收

在西方发达国家，新创企业的创办人首先考虑的因素就是税收。在美国

公司法中，也将这一因素称为决定性因素。在我国，对公司企业和合伙企业实行不同的纳税规定。国家对公司营业利润在企业环节上征公司税，税后利润作为股息分配给投资者，个人投资者还需要缴纳一次个人所得税；而合伙企业则不然，营业利润不征公司税，只征收合伙人分得收益的个人所得税。再对比合伙企业和股份有限公司；合伙企业要优于股份有限公司，因为合伙企业只征一次个人所得税，而股份有限公司还要再征一次企业所得税；如果综合考虑企业的税基、税率、优惠政策等多种因素的存在，股份有限公司也有有利的一面，因为国家的税收优惠政策一般都只为股份有限公司所适用。

（二）利润和亏损的承担方式

独资企业，业主无须和他人分享利润，但其要一人承担企业的亏损；合伙企业，如果合伙协议没有特别规定，利润和亏损由每个合伙人按相等的份额分享和承担。有限公司和股份公司，公司的利润是按股东持有的股份比例和股份种类分享的，对公司的亏损，股东个人不承担投资额以外的责任。

（三）资本和信用的需求程度

通常，如果投资人有一定的资本，但尚不足，又不想使事业的规模太大，或者扩大规模受到客观条件的限制，则更适宜采用合伙或有限公司的形式；如果所需资金巨大，并希望经营的事业规模宏大，则适宜采用股份制；如果创办人愿意以个人信用为企业信用的基础，且不准备扩展企业的规模，则适宜采用独资的方式。

此外，企业的存续期限、投资人的权利转让、投资人的责任范围、企业的控制和管理方式等因素都会对投资人在选择企业组织形式时形成影响，必须对各项因素进行综合分析。

三、新创企业组织形式的多元化发展

企业组织存在于一定的社会经济环境之中，像自然界一样，也是“适者生存”。为了适应企业不断发展变化的内外部环境，企业的组织形式也在不断发生着新的变化。特别是进入21世纪以后，经济全球化和知识经济时代的到来，引发了企业组织结构形式的一系列变化。

（一）组织重心两极化

买方市场的形成和竞争的不断加剧，使企业管理的工作重心由过去的生产问题逐渐转向新产品的开发研制和市场销售。从企业经营的过程来看，企业的组织结构特征正在形象地由“橄榄”形转变为“哑铃”形。所谓“橄榄”形企业形态，是指企业以生产为中心，以新产品开发和市场销售为辅助的企业形态，其工作的主要投入为生产过程，即“中间大，两头小”；而“哑铃”形企业形态，则是以企业的新产品开发和市场销售为主，产品生产只是新产品开发的目的和市场销售的前奏，其工作的投入主要在两头，即“两头大，中间小”。

企业组织结构由“橄榄”形向“哑铃”形发生转变的最主要原因是企业市场环境的变化。买方市场形成、技术进步加快、新技术的不断应用等，都使得企业解决生存发展的核心问题由产品的生产问题转变为企业产品创新的速度和市场拓展能力的问题。在传统的大批量生产的工业经济时代，企业竞争取胜的法宝只是低成本，而当今和未来企业竞争取胜的关键将逐步转变为快捷的服务和全新的个性化。

（二）组织结构扁平化

扁平化的组织结构是相对于传统的“金字塔”形结构而言的。在“金字塔”形结构中，由于管理信息传递的层次多、速度慢、信息的衰变严重等，已经越来越严重地制约企业管理效率的提高，制约企业市场竞争能力的提高。又由于电子计算机和互联网在企业生产经营中的应用日益普及，企业管理信息的收集、整理、传递以及经营控制手段逐步现代化，传统的“金字塔”形组织结构越来越不适应企业经营环境的变化。这些直接促使传统组织结构向层次少的扁平化组织结构演变。在当今的企业组织结构的变革中，减少中间层次、加快信息传递速度、实现直接控制是一个基本趋势。

（三）组织运作柔性化

柔性的概念最初起源于柔性制造系统，是指制造过程的可变性、可调整性，描述的是生产系统对环境变化的适应能力。柔性概念应用到企业的组织结构上，是指企业组织结构的可调整性以及对环境变化的适应能力。很显然，企业组织结构发生这种变化，也是企业所处的社会经济环境不断变化的结果。随着新经济时代的到来，企业外部环境的变化已大大高于工业经济时代的变化，企业的战略和组织结构也将因此做出及时调整。所以，企业组织运作柔性化也将成为企业组织结构未来发展的一种趋势。

（四）团队组织形式兴起

所谓团队组织形式，是指由为数不多的团队成员承诺共同的工作目标和任务，并且互相承担责任的一种企业组织形式。这种组织形式多出现在知识型企业中。实践证明，这是一种非常适应企业现代经营环境的组织形式，因此备受赞誉，并被普遍推广采用。第一，团队组织与传统的部门不一样，它是自觉形成的，是为完成共同的任务，建立在自觉的信息共享、横向协调的基础上的；第二，在团队中，没有拥有制度化权利的管理者，团队成员不是专业化人才，而是多面手，具有多重技能；第三，团队中员工的分工界限不像传统的组织结构形式那么明确、严格，他们相互协作、彼此激励、共同承担责任。团队组织形式的采用，消除了因目标对立而引起的组织内耗增加，彼此之间的竞争关系转化为共同合作关系，团队成员相互取长补短、支持促进，从而提高了团队效率。团队组织具有的这些积极作用，使它得到了迅速普及和发展。

（五）企业整体形态创新

企业整体形态创新的根本原因是企业高新技术的不断运用以及互联网技术的不断发展。在高新技术，特别是互联网技术的激励下，企业模式正经历着一场深刻的、根本性的大转变。这场变革的结果就是企业内部组织结构的重大变化。如何实现企业组织形态的创新以适应新知识经济时代的要求，已经成为每个管理者所必须面对的严肃课题。

第三节　新创企业经营场所的选择

新创企业经营场所的选择对于新创企业生存有时起着非常关键的作用。新创企业经营场所选择时需要考虑一些具体的因素，遵循一定的规范流程，在开展具体经营场所调查时要做到客观、科学、全面等要求。

一、新创企业经营场所选择的重要性

对新创企业来说，选择经营场所是关系企业发展成败的关键因素。据香港工业总会和香港总商会统计，在开业不足两年就倒闭的企业中，由于选择经营场所不当导致企业失败的数量就占到总量的 50% 以上。

究其原因，一方面是新创企业的竞争力要受到该地区商业环境质量的强烈影响；另一方面，不同地域存在诸如管理大师迈克尔·波特所说的知识、关系、动机等要素，这些要素具有难以被其他地域竞争对手模仿的特性，构成了该区域独有的区域竞争优势。

二、新创企业选择经营场所需要考虑的因素

经济因素、技术因素、政治因素、社会文化因素、自然因素均会影响新创企业选择经营场所的决策过程。

（一）经济因素

一般来说，新创企业设立在关联企业和关联机构相对集中的地区，则容易获得成功。这是因为如果相互关联的企业集中在某一地区选择经营场所，该区域内的企业将产生一种既竞争又合作的关系，这种关系将推动该地区经济竞争力的发展，共同实现区域繁荣。

（二）技术因素

由于新技术对于高科技创业企业成功的关键作用，相当多的高科技企业在创业选择经营场所时，把企业建在技术研发中心附近或新技术信息传递比较迅速的地区，以在第一时间掌握技术的变化趋势，规避技术进步不确定性带来的风险。美国的硅谷、中国的中关村都是技术选择经营场所的典型代表。

（三）政治因素

新创企业必须考虑政府对相关产业的政策，将企业建在政府支持该产业的地区。尤其是创业者进行跨国经营时，必须考虑经营所在国的政治环境，评估该环境对企业提供的产品或服务、分销渠道、价格、促销策略等造成的影响。

（四）社会文化因素

不同的地域社会习俗、文化价值观、生活态度等方面差别很大，社会对安全、健康、营养及环境的关注程度也不尽相同。创业企业在选择经营场所时，如果不考虑上述因素，所提供的产品或服务就很可能不被所在地市场接受。

（五）自然因素

在新创企业，还必须考虑气候变化、地质状况、水资源可利用性等自然因素，这些因素可能影响企业日常生产经营调度、原材料供给、安全生产等方面。

上述因素对不同企业有不同的侧重点，制造业往往优先考虑会对生产成本造成影响的因素，如原料与劳动力，而服务业则往往优先考虑对市场造成影响的因素，如顾客消费水平、市场竞争状况等。

三、新创企业选择经营场所的步骤

新创企业选择经营场所一般要经历市场信息收集研究、多地点评价、最终地点确定三个步骤。

（一）市场信息收集研究

在新创企业开始选择经营场所的时候，企业必须首先依据影响选择经营场所的各种因素，自己或借助专门调查机构收集市场信息，并对收集到的信息进行整理分析。信息收集研究的效果将对后期的选择经营场所决策产生非常重要的影响。

（二）多地点评价

对市场上各种信息收集研究后，创业者应该得到若干关于新创企业经营场所的候选地，此时可以借助科学的定量方法进行评价。目前，采用多因素综合评价法进行选择经营场所较为常见。此方法首先给不同因素赋予权重，再给不同选择下的各因素打分，最后求各方案的加权平均值以得出最佳方案。除这种方法外，收益分析法、运输模型法、重心法等也可以用于选择经营场所评价中。

（三）最终地点确定

当创业者在分析市场信息的基础上，结合所要进入行业的特点及自己企业的特征，运用以上一种或几种方法进行评估后，将最终确定某一候选地为新创企业地址，从而最终完成选择经营场所决策。

四、商业选择经营场所调查

在寻找好的创业经营场所时，只运用技巧并无多大实际用处。需要明确一个原则：商业选择经营场所不是纸上谈兵，单纯依靠看书在头脑中设计选择经营场所方案往往不能成功。只有亲自进行实地调查，多看多问，才能找到适合开店的经营场所。选择经营场所作为创业的头等大事，如果连实地考察找店面都不愿意做，那么以后的经营也难以做好。市场调查既可以弄清楚经营场所的具体位置，还能调查诸如周围环境、客流量大小、经营场所是否具有发展潜力等问题。

选择经营场所调查的要点包括人口数、职业、年龄层次调查，该商店基本设施及竞争店调查，该商店周围消费习性、生活习惯调查，流动人口调查，商圈未来发展调查等多方面。

（一）家庭状况

家庭状况是影响消费需求的基本因素。家庭特点包括人口、收入状况、年龄状况等。

家庭的大小会对未来的商店销售产生较大的影响。比如一个由两口之家组成的年轻人家庭，购物追求时尚化、个性化、少量化；而一个三口之家的家庭（有一个独生子女），其消费需求则几乎是以孩子为中心的。

每户家庭的平均收入和家庭收入的分配，会明显地影响未来商店的销售，与商圈周边邻近家庭收入分配结构相适应的商店往往能取得不错的效益。而所在地区家庭平均收入的提高，则会增加家庭对选购商品数量、质量和档次的要求。

家庭成员的年龄状况也会对商品有不同需求。比如，老龄化的家庭其购物倾向为购买保健品、健身用品、营养食品等；而有儿童的家庭则重点投资于儿童食品、用品、玩具等。

（二）人口密度

一个地区的人口密度，可以用每平方千米的人数或户数来确定。人口密度越高，则选择经营场所商店的规模可相应扩大。

计算人口密度，可通过计算白天人口来实现，即户籍中除去幼儿的人口数加上外地在该地区上班、上学的人口数，减去到外地上班、上学的人口数。随机客流人数不在考查数之内。

白天人口密度高的地区多为办公区、学校等地。对白天人口多的地区，应在分析其消费需求特点的基础上进行经营。比如，采取延长下班时间、增加便民项目等以适应需要。

人口密度高的地区，如果离商业设施的距离近，可增加到店购物频率。而人口密度低的地区吸引力低，且顾客光临的次数也少。

（三）潜在顾客的数量

所有的人都是消费者，很自然也是商店的顾客。在选择店址时必须了解当地的人口总数、人口密度、人口增长情况、人口年龄结构等。

一般来说，人流密集的地方有利于开店，但并非人多的地方就适合开店，还要结合商店周围往来人员特征和客流规律进行分析。首先要了解过往行人的年龄和性别，例如，有些过路者是儿童，则他们可能是快餐店的顾客，但不会是服装店经营场所的及停留的时间。

（四）行人去向

在新店选择经营场所时，来往的客流量肯定要作为考虑重点。但同时，来往顾客的去向也应是一个非常值得研究的问题。即使是同一个人，由于每次上街的目的不同，情况也就有所差别。例如，买日常生活用品与买高档艺术品的情况就完全不同。店前经过的行人，有去百货店买东西的，有去吃饭的，有去看电影的，因此开店的时候，应该根据人们去向的差异，选择适当的店址。

（五）交通地理条件

店面附近的交通状况，会在很大程度上影响生意的好坏，因此一般的开店地点，都会考虑上下班路线，尤其是住宅区。上班与下班时间，两旁的人流、车流，呈现明显的差距。

然而，并不是大马路旁边的地点才算是黄金位置，其实由主干道延伸出的巷弄内，也有许多适合开店的地点。而一般评估巷道内的黄金店面，多使用漏斗理论，指的就是同一个街口，如果有数家商店，消费者通常会在回家的路程中顺道消费。因此，位于干道转进巷弄的第一家商店，会像漏斗一样，最先吸引消费者入店。理想的黄金地点，应该是下班路线右边的地点。

（六）购买力

家庭和人口的消费水平取决于其收入水平的高低，因此，附近人口收入水平对店址地理条件有决定性的影响。家庭人均收入可通过入户抽样调查获取。如石家庄西郊某商厦在选择经营场所的时候，就对周围 1 ～ 2 公里半径的居民按照分群随机抽样的方法，抽取出 3000 个家庭样本。经过汇总分析，这 3000 户居民中，人均收入在每月 1000 元左右的约占 50%，而人均月收入 2000 元以上的只约占 10%。由此说明，该地区居民大都是工薪族家庭，属于中等偏下收入水平。

在选择经营场所时，应以处于青年和中年顾客，社会经济地位较高，可支配收入较多者居住区域作为优先考虑的店址。

（七）竞争程度

如果商店经营的是挑选性不强、购买频率较高的日用消费品，在同一地区又有很多同行在恶性竞争，那么势必会影响商店的经济效益，除非新设的商店有特殊的经营风格、能力或不寻常的商品来源，否则很难成功。当然，在某些环境中，上述情况也并不完全如此，有些行业因同行都集中在一起，反而会形成一条别具特色的商业街。

所以，在选择经营地点时，要详细了解在该地点附近类似商店的数量，这些商店的规模、装修、商品品种、价格及待客态度如何，自己的加入将是增加竞争还是互相有利等。

（八）8 年内有何变化

店址的选择要搞清楚城市建设的规划，既包括短期规划又包括长期规划。有的地点从目前来看是最佳位置，但随着市场的改造和发展将会出现新的变化，也许会变得不适合开店；反之，有些地点从目前来看不理想，但从规划前景看会成为有发展前途的新的商业中心。因此，经营者必须放眼未来，从长计议，在了解地区内的交通、街道、市政、绿化、公共设施、住宅及其他建设或改造项目的规划的前提下，做出最佳地点的选择。

例如，在游乐街开设餐饮店之前，必须事先调查 8 年之内街道可能发生的变化。在游乐街开设餐饮店需要高额投资，而且商店内外装饰所花的费用也很多。因此，选择经营场所绝对的条件是必须能长期地保持餐饮店的繁荣。然而，处在发展中的游乐街，选定的地点极易发生变化。新建地下街道、发展超高层建筑等都会给餐饮店带来很大冲击，必须在选择经营场所时全面考虑。

第四节　企业登记注册过程

企业登记注册是创办企业的法定程序，主要包括工商登记注册、税务登记、其他相关手续等。

一、工商注册登记

在我国，一个新生命诞生之后，父母要为孩子去公安局办理户籍登记，从而使他们获得在社会上生存的合法身份。一个新创的企业如要获得一个合法的身份从事生产经营活动，也必须去工商行政管理机关办理注册登记手续。

（一）企业名称预先核准

注册就像每个人都要有一个名字，每个企业也都应有自己的名字。企业注册登记的第一步，就是要预先将企业的名字报与有关机构核准，这个程序就是企业名称预先核准。

1. 企业名称的基本要素

国家法律法规对公司名字的构成有其严格规定，企业必须遵循法律法规的要求命名自己的企业。按照我国有关法律规定和通行的惯例，企业名称一般包含四个基本要素。也就是说，要给企业起名字，这个名字中必须包含以下四个部分：

（1）行政区划。根据《企业名称登记管理实施办法》的规定，企业名称应当冠以企业所在地省（包括自治区、直辖市）或者县（包括市辖区）行政区划名称，如“石家庄市长安区石珍水晶礼品有限公司”，其中的“石家庄市长安区”就是行政区划。

但并不是所有企业名称都必须冠行政区划名称。经国家工商行政管理局核准，下列企业的名称可以不冠以企业所在地行政区划名称：国务院批准的；国家工商行政管理总局登记注册的；外商投资的；注册资本不少于5000万元的；历史悠久、字号弛名的；依法可以使用“中国”“中华”或者“国际”等字样的；国家工商行政管理总局另有规定的。

（2）字号。字号就是人们一般所说的公司名字，能够使人们把此公司与彼公司区别开来。它是一种由文字组合而形成的标识，任何一个汉字都可以和另一个或多个汉字组合成字号。由于汉字具有表意性，不同的汉字组合可以表示出不同的含义，所以，创业者给自己的企业起名时，一般都会赋予特定的意义，如“石家庄市长安区石珍水晶礼品有限公司”，其中的“石珍”二字即为企业字号，这个字号中包含了“石头中的珍宝”“值得珍爱的石头”等多种含义。

（3）行业特征。《企业名称登记管理规定》第十一条规定，要“依照国家行业分类标准划分的类别，在企业名称中注明所属行业的经营特点”。这样要求的目的是为了让人们一看到名称就能基本判断出这家企业是干什么的，如“石家庄市长安区石珍水晶礼品有限公司”，其中的“水晶礼品”四个字就是说明行业特征，让人一看便知这家企业是专门经营水晶礼品的。

（4）组织形式。企业名称中必须标明企业的组织形式。有限责任公司或者股份有限公司企业名称中的组织形式必须标明“有限责任公司”或“股份有限公司”字样；有限责任公司亦可称为“有限公司”。例如，“石家庄市长安区石珍水晶礼品有限公司”，其中的“有限公司”就是在表明企业的组织形式。

合伙企业、个人独资企业和个体工商户在其名称中不得使用“有限”或者“有限责任”字样，但目前法律法规没有对这些企业的组织形式名称做明确规定，从实际情况看，叫法有很多种，如“店”“商行”“厂”“铺”“所”等。

2. 企业名称的规范要求

企业名称除必须具备以上几个基本要素外，还必须符合一定的规范要求，如：企业名称必须由2个以上的汉字组成；在企业名称中不得含有另一个企业名称；应当使用符合国家规范的汉字，不得含有外国文字、汉语拼音字母、阿拉伯数字，但是民族自治区的企业名称可以使用该地区通用的民族文字；企业名称不得含有损害国家利益或社会公共利益、违背社会公共道德、不符合民族宗教习俗的内容，也不得含有违反公平竞争原则、可能对公众造成误认、可能损害他人利益的内容，更不能含有法律或行政法规明文禁止的内容；等等。

3. 办理企业名称预先核准手续的程序

（1）提交申请。申请企业名称预先核准，应当由全体投资人指定的代表或者委托的代理人，向有名称核准管辖权的工商行政管理机关提交《企业名称预先核准申请书》，同时一并提交相关资料。

核准企业名称的一个重要目的是为了避免名称重复。按照国家有关法律规定，企业名称具有专用性和排他性，一旦核准登记，在规定的范围内享有专用权，受法律保护，其他单位或个人不得与兜混用或假冒。因此，为了避免自己的企业名称有可能同其他企业的名称重复，创业者最好事先为自己的企业多起几个名字备用。

（2）核准或驳回。登记机关在收齐申请人应当提交的资料后，从受理之日起10个工作日内做出核准或驳回的决定。届时，申请人到指定窗口领取《企业名称预先核准通知书》或《企业名称预先申请驳回通知书》。

预先核准的企业名称保留期为6个月，有正当理由在预先核准的企业名称保留期内未完成企业设立登记的，在保留期届满前，可以申请延期保留期，延长的保留期不得超过6个月。

（二）工商登记注册

企业登记注册是指企业在工商管理部门获准登记以后，通过一定的方式或媒介将登记事项对外界加以公告和通知。因为企业在生产经营活动中不可避免地涉及第三方的利益，尤其对于社会经济秩序的稳定关系重大，所以现代各国的法律都有企业登记的规定。

企业登记在于公示企业的营业状态，它的目的有两种：一是工商管理部门为了保护社会公众利益，将其营业状态做好登记，公示于社会，使公众周知企业的营业内容，在与企业进行交易时，有所取舍和注意，以保护交易安全；二是为了保障企业的合法权益及提高其信用，企业依其登记事项，对抗恶意第三人。

1. 工商登记注册的管辖

工商行政管理机关是公司的登记机关，其中，按照公司规模和资本性质，实施三级管辖模式：国家工商行政管理局主要负责国务院授权部门批准设立的股份有限公司，以及国务院授权投资的公司、国务院授权投资的机构或者部门单独或共同投资设立的有限责任公司。此外，对于外商投资的有限责任公司，不管规模大小都要由国家工商行政管理局负责登记；省、自治区、直辖市工商行政管理局主要负责省级政府投资或者授权投资的有限公司、批准成立的股份有限公司，或者省自治区、直辖市人民政府授权投资的机构或者部门单独或共同投资设立的有限责任公司；除了上述公司以外的有限责任公司，一般由市、县工商行政管理局负责。

2. 工商登记注册的步骤

（1）填表。在工商行政管理机关窗口索取“工商注册登记申请表”，并认真填表。该表的主要内容包括企业名称、经营范围、注册资本、企业负责人、经营地址、企业法律形式、《公司章程》或《合伙协议》等。

（2）提交申请。向工商行政管理机关提交“工商注册登记申请表”，同时一并提交公司章程、法定代表人任职文件和身份证明、企业名称预先核准通知书、公司住所证明、有关行业管理部门的经营许可材料（如果有必要）等相关资料。

（3）审核。工商行政管理机关对所提交材料进行审核，并于受理后的30个工作日内做出是否核准登记的答复。

（4）领证。申请人到指定窗口领取三证合一的“营业执照”正副本。

“营业执照”是国家工商行政管理机关批准企业成立、允许企业开展经营活动的证明文件，具有法律效力。营业执照签发日期即为企业成立日期。营业执照分正本和副本两种，正本为悬挂式，用于企业亮证经营；副本为折叠式，用于携带外出进行经营活动。

（三）刻制企业印章

严格意义上说，经过工商注册登记领取了营业执照后，企业就算注册成功了，但是事实上，还需要另外两个手续后，企业才算注册完毕。这两个手续就是刻制公章和办理组织机构代码证。

1. 企业印章

企业印章是企业身份和权力的证明，是公司经营管理活动中行使职权的重要凭证和工具。盖有企业印章的文件，是受法律保护的有效文件，同时意味着企业对文件的内容承担法律责任。《国务院关于国家行政机关和企业、事业单位印章的规定》对我国印章的刻制与管理做出了明确规定，各地方政府出台了相应的管理制度，新创企业必须按照相关规定刻制印章，并在生产经营活动中规范使用印章。

根据规定，国家行政机关和企业、事业单位，社会团体的公章一律为圆形，公章上的名称一律采用国务院公布的简化宋体字，自左而右弧形排列。公章、发票章和财务章必须经公安局批准并备案，必须在公安局指定的刻印点刻制，不准私自刻制。法人私章可以在任一刻章点刻制，但必须经过有关部门备案后方能有效。

2. 刻制印章的步骤

（1）申请人直接向公安局指定的印章刻制企业领取“刻制印章审批申请表”并按要求填写、提交，同时按要求提交相关材料。

（2）印章刻制企业在收齐申请人应当提交的资料后交到公安局，由公安局审核备案并做出核准刻制或者不予刻制的决定。

（3）公安局如核准刻制，印章刻制企业根据要求刻制好印章后发给申请人。

（四）备案组织机构代码

组织机构代码证是国家质量技术监督部门根据国家标准编制，并赋予每一个机关、企事业单位、社会团体、民办非企业单位和其他机构颁发的全国范围内唯一的、终生不变的法定标识，覆盖所有单位（包括法人和非法人以及内设机构），是连接政府各职能部门之间的信息管理系统的桥梁和不可替代的信息传输纽带。目前已成为各个单位在进行社会交往、开展商务活动时所必需的“身份证明”。

1. 办理组织机构代码的重要性

企业的组织机构代码证就像个人的身份证一样，对一个企业来说非常重要，在很多场合都会用到，不可缺少。例如，企业向银行申请账户的时候，去税务部门办理相关税务登记手续的时候，购买发票的时候，都必须提供组织机构代码证。还有在车辆落户、申请人事调动、办理员工保障时都离不开代码证。

2. 工商大厅办理组织机构代码同步备案

（1）提交申请。申请人直接向技术监督局领取相关表格并按要求填写；同时提交相关资料，包括企业法人营业执照副本、法人代表身份证、经办人身份证等。

（2）审核。登记机关在收齐申请人应当提交的资料后，从受理之日起 10 个工作日内做出核准或驳回的决定。

二、银行开户和结算

注册登记手续办妥后，仅仅是说明你的企业有了一个合法的身份，企业还不算真正成立，因为仅有这些，仍然不能使企业正常运转，企业要想正常运转还必须通过办理其他一些手续，同社会建立起更密切的联系。其中，非常重要的一个手续是办理银行开户。

（一）什么是银行开户和银行结算

银行开户即在银行开立一个户头。开户很简单，只要在银行存入一部分钱，银行就会为存款者设立一个存款账户，也就是设立了一个户头。开设存款账户是与银行发生关系的基础，只有在银行开有账户，才能委托银行办理各种资金往来业务。

结算，简单地理解，就是指所有现金收付的行为。即在商品交换中，一手交钱，一手交货，完成商品所有权的转移和货款交割。结算是商业活动的核心环节，也是企业最基本的活动。从企业的角度看，结算分为现金结算和转账结算两种。

企业作为一个经济实体，不可避免地要和银行打交道。而我国有关法规和政府条例规定，各单位之间的经济往来，除部分业务内容可按现金交易外，其他大部分交易往来，特别是较大数额的交易往来，都必须通过银行办理转账结算。所以，通常情况下，企业必须在银行开户，并且必须在银行进行资金往来和结算，否则企业将很难运转。

（二）如何选择开户银行

理论上新创企业可以将账户开立在任何一家银行，但在实际中企业在一些银行中开户是有困难的，有些银行也不适合开户，所以，创业者在选择开户银行时要格外注意，关键是要把握以下三个原则：

1. 身份对等

如果能把账户开在大银行，对于提升小企业的形象肯定有一定的帮助，但大银行门槛较高，小企业不容易赢得大银行的尊重和获得大银行提供的便利。因此，小企业如果想开户成功，选择中小银行会有一定的优势，并可节约开户成本及结算成本。

如果新创企业在选择开户银行方面有特定要求的，则应选择符合特定要求的银行开户。例如，有些中小企业进出口业务较多，就应选择在外汇银行开户。

如果企业想要得到银行专门为中小企业提供的信贷服务，则在选择开户银行时应选择有这样服务的银行。

2. 便利快捷

遵循便利原则可考虑以下三个方面的因素：

一是选择较近的银行。这样做可方便财务人员进行业务操作，还能够节约交通费用和办理业务的时间成本。

二是考虑熟悉性。创业者自身如与某家银行有较多的业务往来，熟悉该银行的办事流程、收费标准、服务水平等，则有利于企业以后办理业务。

三是考虑人脉因素。如果创业者与银行工作人员有较密切的社会关系，则可考虑选择在该家银行开户，比较容易获得银行的支持，业务办理也会更顺畅、便捷。

3. 服务质量好

一要挑选名声好、服务好的银行。银行的知名度和服务质量直接影响工作效率和账户管理的准确性。开户行并不是越大越好。

二要挑选费用最低的银行。部分银行为了提高银行的收益，可能会强行要求开户企业购买各种服务或器材，每年费用从几百元到几千元，这对中小企业来说是笔不小的开支。

三要挑选最安全的银行。银行的工作态度、工作方式、管理方式及软硬件配置等都能直接影响你的账户安全，所以挑选银行时还要考虑安全性。

（三）开立银行账户的程序

1. 提交开户申请书

申请人认真填写开户申请书（可向银行索取），连同营业执照、企业组织机构代码证、会计证等资料一起提交给银行。

2. 填写印签卡片

印签是开户单位委托银行从自己的账户中支付款项时，留给银行核对鉴定支付款凭证印章的底样。一般至少要留企业财务公章和有关负责人私章两个印章底样。

3. 获得银行编发账户

银行审查同意后，会为开户单位提供一个账户代号，这表明账户正式设立。

4. 确定账户使用方法

银行账户从使用方法上分为支票户和存折户两种。顾名思义，支票户平时主要通过支票办理业务，存折户平时主要通过存折办理业务。开户企业可以根据自己的实际情况选择其中一种。

5. 交存开户款项

账户设立后，开户单位应到银行缴存一定数额的资金。

须说明的一点是，企业设立之初，为了完成现金出资和验资，一般都要先开一个临时账户。这个账户是临时性质的。企业获得营业执照后，该账户原则上转为基本账户，当然，也可以予以取消，另开基本账户。

6. 领购业务凭证

开户后，为了能到银行办理业务，开户单位一般要向银行购买各种业务所需凭证，如现金存款凭证、进账单、信汇凭证、电汇凭证、转账支票等。

（四）银行结算方式

银行账户开立后，就可以使用了。那么，如果你的企业同其他企业或个人开始做生意，有资金往来时，怎样通过银行来完成呢？根据我国《银行结算办法》规定，你可以结合实际情况，选择以下七种方式：

1. 银行汇票

银行汇票是汇款人先将款项交存当地出票银行，然后由该出票银行签发，承诺见票时按照实际结算金额无条件支付给收款人或者持票人的票据。主要适用于先收款后发货或钱货两清的商品交易，单位和个人均适用。

2. 银行本票

银行本票是申请人先将款项交存银行，然后由银行签发的凭证办理转账或提取现金的一种票据。按照金额是否固定可以分为不定额和定额两种。银行本票主要适用于同一票据交换区域需要支付各种款项的单位和个人。

3. 商业汇票

商业汇票是出票人签发的，委托付款人在指定日期无条件支付确定金额给收款人或者持票人的票据。使用商业汇票必须要有真实的交易关系或债权债务关系。商业汇票的付款期限由交易双方商定，最长不超过6个月。商业汇票的提示付款期限自商业汇票到期日起10日内。按承兑人划分，商业汇票可以分为商业承兑汇票和银行承兑汇票。其主要特点为：①适用范围相对较窄，只适用于企业之间由于先发货后收款或双方约定延期付款的商品交易。②使用对象相对较少，使用对象必须在银行开立账户并同时具有法人资格。③必须经过承兑。④未到期的商业汇票可以到银行办理贴现。⑤同城、异地都可以使用，而且没有结算起点的限制。

4. 支票

支票是出票人签发的，委托办理支票存款业务的银行在见票时无条件支付确定的金额给收款人或持票人的票据。支票的提示付款期限为10天，超过提示付款期限取款的，持票人开户银行不予受理，付款人不予付款。支票分为现金支票、转账支票和普通支票三种，现金支票只能提取现金，转账支票则不能提取现金，只能用于转账，普通支票既能转账又能提现，目前流通的支票多为普通支票。

5. 汇兑

汇兑又称“汇兑结算”，是指企业（汇款人）委托银行将其款项支付给收款人的结算方式。这种方式便于汇款人向异地的收款人主动付款，单位和个人的各种款项的结算，均可使用汇兑结算方式，如退休工资、医药费、各种劳务费、稿酬等，还可适用个人对异地单位所支付的有关款项，如邮购商品、书刊等，适用范围十分广泛。

6. 托收承付

托收承付是根据购销合同由收款人发货后，委托银行向异地付款人收取款项，由付款单位向银行承认付款的结算方式。托收承付主要适用于有合法的商品交易，以及因商品交易而产生的劳务供应的款项。适用于国有企业、供销合作社以及经营管理较好，并经开户银行审查同意的城乡集体所有制企业。代销、寄销、赊销商品的款项不得办理托收承付结算。托收承付结算每笔的金额起点为10000元，新华书店系统每笔的金额起点为1000元。

7. 委托收款

委托收款是收款人委托银行向付款人收取款项的结算方式。主要适用于同城和异地结算，且不受金额起点限制。

三、税务登记

（一）税务登记和纳税

税务登记又称纳税登记，它是税务机关对纳税人实施税收管理的首要环节和基础工作，是征纳双方法律关系成立的依据和证明，也是纳税人必须依法履行的义务。凡是从事生产、经营，实行独立核算，并经当地工商行政管理机关批准，领取了营业执照的一切单位和个人，应自领取营业执照之日起30天内，持有关证件，向当地税务机关办理税务登记。

1. 办理税务登记的步骤

（1）提出申请。分别向国税局和地税局（为方便起见，一般选择就近的国税局和地税局办公网点）领取并认真填写《税务登记表》，然后同有关资料一起递交。

办理税务登记时应提供的有关资料包括：①营业执照（副本）原件及复印件。②组织机构代码证及复印件。③银行基本存款账户开户卡复印件。④法人代表或业主、财务负责人的居民身份证原件及复印件。⑤经营场所房产证明或租赁房屋证明复印件。⑥成立章程或协议书复印件。⑦独立核算或非独立核算证明。⑧受理机关要求的其他资料。

（2）审核。税务机关进行审核资料，在自收到上述申请材料之日起30日内予以答复。

（3）经审核，税务机关对符合要求的企业准予登记，并同步工商信息。

（4）购领相关凭证。企业向税务机关购领发票、账簿、财务报表等资料。

2. 企业报税和纳税的方法

企业在办理了税务登记之后，接下来就要按期报税和纳税。对于小规模纳税人和一般纳税人，一般要求在办完税务登记证的当月就应报税和纳税。

个体工商户由于会计资料不全，一般都是定额纳税，即按照税务部门核定的税金，每月到税务部门上缴即可，无须每月报税。

小规模纳税人必须每月报税。报税的方法是填写好两个税务局（国家税务局和地方税务局）要求的各类报表，然后网上提交到税务局（所）即可。需要上报国家税务局的报表一般有资产负债表、损益表、增值税发票使用明细表、发票领用存月报表、增值税附列资料表和增值税纳税申报表。需要上报地税局的报表一般有资产负债表、损益表和地方税（费）综合申报表、个税明细等。

如果是电子申报，需要进入纳税系统，按照上述所述的报表在计算机里填好，先通过网络申报，显示申报成功后，再将纸质的报表报到税务局即可。

一般纳税人的报税程序与小规模纳税人大体相似，也需要每月填报纳税申报表，并提供资产负债表和利润表，如果安装了防伪税控系统的企业，还要在防伪税控系统打印本期的发票汇总表和发票清单。与小规模纳税人报税不同的是，一般纳税人的报税还有一个抄税环节。

完成了报税程序后，纳税人需要在规定的时间内，将税款转入税务局指定的账户，纳税过程到此结束。

（二）发票

发票是指一切单位和个人在购销商品、提供劳务或接受劳务、服务以及从事其他经营活动时，所提供给对方的收付款的书面证明。发票是财务收支的法定凭证，是会计核算的原始依据，也是审计机关、税务机关执法检查的重要依据。企业在进行商业活动时，必须开发票。发票由国家税务机关统一印制，企业必须到税务机关购买所需要的发票。

1. 发票的种类

（1）普通发票。主要由营业税纳税人和增值税小规模纳税人使用，增值税一般纳税人在不能开具增值税专用发票的情况下也可使用普通发票。普通发票由行业发票和专用发票组成。前者适用于某个行业和经营业务，如商业零售统一发票、商业批发统一发票、工业企业产品销售统一发票等；后者仅适用于某一经营项目，如广告费用结算发票、商品房销售发票等。

普通发票的基本联次为两联：第一联为记账联，开票方作为记账原始凭证；第二联为发票联，收执方作为付款或收款原始凭证。

（2）增值税专用发票。增值税专用发票是国家税务部门根据增值税征收管理需要而设定的，专用于纳税人销售或者提供增值税应税项目的一种发票。增值税专用发票既具有普通发票所具有的内涵，同时还具有比普通发票更特殊的作用。它不仅是记载商品销售额和增值税税额的财务收支凭证，而且是兼记销货方纳税义务和购货方进项税额的合法证明，是购货方据以抵扣税款的法定凭证，对增值税的计算起着关键性作用，增值税发票的取得，也就意味着企业可以少交增值税。

2. 发票填写规范

根据国家相关法规，对于发票的开具和填写有非常严格的规定，主要包括以下六个方面：

（1）票据上必须标记税务机关或财政主管部门监制章，但发票为定期换版已作废的除外。行政事业性收费、政府性基金收据，要有省票据专用章。

（2）发票的发票联和报销联，必须是计算机打印，不得手工填写，存根联、发货联、记账联不能做报销单据。一式几联的原始凭证，报销联必须是机打的。

（3）发票内容要齐全。抬头、日期、品名、单价、数量、金额等项目要填写齐全，字迹要清楚，金额要准确，大小写要一致，严禁涂改。

（4）印章要齐全。须有收款单位公章（或收款专用章）及收款人签字（章）；

事业单位的收据，要有财务专用章；对于小规模经营者、个体户等确实无法开具合法票据的，可以由税务部门代开。

（5）票据要完整。发票内容不得涂改；开票内容和发票使用用途要相符。

（6）对于在允许范围内进行更正的发票，要加盖更正单位的相应印章。

参考文献

[1]［美］托尼·瓦格纳. 创新者的培养［M］. 陈劲，等，译.北京：科学出版社，2015.

[2] 秦传江，赵恒. 大学生创新创业实训教程［M］.北京：高等教育出版社，2016.

[3]［美］约翰·波拉克.重新定义创新［M］.青立花，胡红玲，陆小虹，译. 北京：中信出版社，2016.

[4] 毛大庆.中国众创空间的现状与未来［M］ .杭州：浙江人民出版社，2016.

[5] 刘燕华，李孟刚.创新方法学［M］.北京：清华大学出版社，2015.

[6]［美］托尼·瓦格纳. 创新者的培养［M］. 陈劲，等，译.北京：科学出版社，2015.

[7] 谢德荪.重新定义创新［M］.北京：中信出版社，2016.

[8] 李宇红.创新创业实务［M］.北京：北京大学出版社，2015.